일하는 엄마의 행복 프로젝트:
성공한 워킹맘으로 살아가는 방법

엄마는 힘이 세다

엄마는 힘이 세다

초판 1쇄 발행 2024년 3월 13일

지은이   이현정
펴낸이   김종해

펴낸곳   문학세계사
출판등록   제21-108호(1979. 5. 16)
주소   서울시 마포구 신수로 59-1
전화   02-702-1800
팩스   02-702-0084
이메일   munse_books@naver.com
홈페이지   www.msp21.co.kr
페이스북   www.facebook.com/munsebooks
인스타그램   www.instagram.com/munse_books

ISBN   979-11-93001-42-4 03330

일하는 엄마의 행복 프로젝트:
성공한 워킹맘으로 살아가는 방법

엄마는 힘이 세다

이현정 지음

문학세계사

엄마가 되면 보이는 것들

　스물여섯 초보 엄마에게 산후 우울증이 찾아왔다. 엄마가 되었지만, 어떻게 육아를 해야 하는지 잘 몰랐다. 남편이 출근하면 아이와 둘이 뭘 해야 할지 모르고 외출도 쉽지 않았다. 마치 철창 없는 감옥에 갇혀 있다고 느껴졌다. 탈출하고 싶은 마음뿐이었다. 함께 부모가 되었는데 남편은 앞서나가고 나만 제자리걸음이라는 생각이 들었다. 이런 상황이 남편 때문인 것 같아서 밉고 원망스러웠다. 육아를 잘하고 싶었지만 마음과 달리 실수의 연속이었다. 점점 자신감이 바닥으로 떨어졌다. 현실에서 벗어나려면 물리적 환경의 변화가 필요했다. 고민 끝에 혼자가 안 된다면, 아이를 데리고라도 집 밖으로 나가야겠다고 마음먹었다. 그때는 워킹맘이 된다는 것이 무엇을 의미하는지 몰랐다.

　우연한 기회에 지인이 일하는 출판사를 소개받았다. 내가 할 수 있을지 선뜻 용기가 나지 않았다. 하지만 당시 혼자인 상황을 회피하려는 마음에 출근을 결심했다. 그때는 일과 육아를 병행하는 것을 가늠할 수 없었다. 그냥 현실의 벽에 부딪히며 실감했다.

　아침에 일어나서 아이를 데리고 나가는 순간부터 전쟁터였다. 잠든 아이를 카시트에 태워서 출발했다. 그러다 깨서 울면 차를 갓길에 세워 놓고 아이를 달랬다. 십 분이면 도착하는 거리가 한 시간처럼 길게 느껴졌다. 무작정 나온 바깥세상은 한겨울 바람처럼 참 매서웠다. 하지만 차가운 바람을 맞으며 도착한 사무실에서 사람들의 온기를 느낄 수 있었다. 참 따뜻하고 포근했다. 그래서 힘들었지만 포기하지 않을 수 있었다. 그때는 갈 곳이 있고 할 일이 있는 것에 감사했다. 아이를 데리고 일을 배우다 보니 하루가 바빴다. 다행히 우울한 생각을 할 새조차 없었다.

워킹맘으로 자리를 잡아가면서 둘째를 낳고 나서 또 한 번의 고비가 찾아왔다. 당시 팀장이라서 팀원을 챙겨야 했다. 그래서 출산 후 삼칠일이 지나자마자 출근했다. 낮에 화장실에서 모유를 짜면서 '내가 이렇게까지 일을 해야 하나?'라고 생각했다. 하지만 그런 생각도 잠시, 첫째를 낳고 찾아온 산후 우울증과 외로움에 비하면 차라리 견딜만했다. 힘든 상황이 여러 번 찾아왔지만, 끝까지 포기하지 않으려 노력했다.

출산과 육아를 핑계 삼지 않고 두 아이를 키우면서 15년간 열심히 일했다. 그러다 보니 국장, 수석 국장을 거쳐 본부장으로 승진했다. 하지만 본부장이 된 첫해에 '코로나 19'가 시작되었다. 불황이 지속되어 그동안 키워온 조직이 반토막으로 줄어들었다. 신임 본부장에게 팬데믹은 참으로 가혹한 시간이었다. 설상가상으로 다음 해에 유방암 2기 진단까지 받게 되었다. 암 진단을 받으니 힘들게 한 계단씩 올라가서 꼭대기에 섰다가 한순간에 추락하는 기분이었다. '왜 하필 나지? 내가 뭘 잘못한 거지? 열심히 산 죄밖에 없는데.' 이런 시련을 주는 하늘이 원망스러웠다. 어쩔 수 없이 수술과 항암을 하며 일을 병행했다. 항암 때문에 뭉텅이로 빠지는 머리카락을 감당할 수 없어서 삭발했다. 하지만 곧 나에게 어울리는 가발을 찾으며 스스로 달랬다. 넘어진 김에 쉬어간다는 말이 있다. '유방암 초기라서 다행이다. 이제부터는 건강도 잘 챙기면서 살자'라고 긍정적으로 생각했다. 그러니 오히려 감사한 마음이 들면서 한결 편해졌다.

우여곡절 끝에 다시 일어서면서 나를 되돌아보게 되었다. 20년간 '워킹맘'으로 일하면서 끊임없이 노력하고 실패했다. 또한, 나와 같이 일과 육아 사이에서 길을 잃은 약 1만 명의 엄마를 만났다. 그들의 이야기에 공감하며 함께 울고 웃었다. 요즘 워킹맘은 다양한 도전과 기회를 마주하며 가족과 직장 간의 균형을 찾으려고 노력한다. 하지만 사회적으로 인정받고 성공하려면 직장에서 치열하게 경쟁해야 한다. 더불어 살림과 육아 또한, 엄마의 몫이다. 육아는 자신을 키우는 일이라고 한다. 아이를 키우느라 포기해야 했던 일들도 있다. 아이도 잘 키우면서 엄마도 성장할 방법은 없을까?

이 책에서는 엄마가 되어 겪었던 다양한 경험을 담았다. 나의 글이 엄마와 워킹맘에게 위로가 되고 성장할 수 있는 하나의 방향타가 되기를 바란다. 몇 세대가 지나도 끝나지 않을 엄마의 고민에 정답이 아닌 '긍정적인 길잡이'를 제시해 주는 멘토가 되고 싶다.

차 례

제4부 성장을 위한 '긍정 마인드셋'

제5부 관계를 위한 '긍정 마인드셋'

제6부 엄마의 행복 성장 프로젝트

제1부
엄마의 시행착오

1. 내게 찾아온 불청객, 산후 우울증

출산 후 친정에서 몸조리하고 신혼집으로 돌아왔다. 친정은 부모님과 오빠네 가족까지 삼대가 함께 산다. 한 달간 대가족들과 북적이다 와서인지 집이 너무 조용하고 적막했다.

남편은 게임 회사에 다녀서 매우 바빴다. 출근 시간은 있는데 퇴근 시간은 없었다. 마치 집에 잠만 자러 오는 하숙생 같았다. 퀭한 눈으로 밤늦게 들어오며 힘들어했다. 친정에서 시끌벅적하게 지내다가 남편도 없는 텅 빈 집에 아이와 단둘이 있으니 너무 고요한 정적에 가끔은 환청이 들리기도 했다.

혼자 있는 게 너무 힘이 들 때면 남편에게 문자를 했다.

―언제 퇴근해?

―늦어?

―저녁은 먹고 와?

―응.

남편은 늘 이런 단답형이었다. 종일 먹고 잠만 자는 아기와 둘이 있으면 하루에 말 한마디 안 할 때가 대부분이었다. 외출도 제대로 할 수 없어서 어느 날은 숨이 막힌다는 생각이 들었다. 옆에 잠들어 있는 아기의 모습은 예쁘기 그지없지만, 마음은 철창 없는 감옥에 갇힌 것 같았다. 이런 게 바로 '산후 우울증'이라는 걸까?

아이를 낳는 것은 부모가 느낄 수 있는 큰 기쁨 중 하나이다. 하지만 산모에게는 출산의 기쁨을 누릴 시간도 없이 산후 우울증이라는 불청객이 찾아오기도 한다. 보건복지부의 통계에 따르면 전체 산모의 50.3%가 산후 우울감을 경험하고 그 중 산후 우울증 위험군은 33.9%인 것으로 나타났다.

당시 아이를 돌볼 때를 제외하고는 온종일 무기력해져서 아무것도 하지 않았다. 남편의 퇴근 시간이 되기만을 기다렸다. 혼자 먹는 밥이 지겨워서 일주일에 두 번은 함께 저녁 식사를 하기로 약속했다. 하지만 그것마저 잘 안 지켜서 오히려 싸움이 잦아졌다.

비가 오는 날이면 기분이 좀 더 가라앉았다. 음악을 들으면 괜찮을 줄 알았지만, 기분이 나아지지 않았다. 울음이 나서 음악을 크게 틀어 놓고 눈물을 쏟아냈다. 비 오는 날의 처량함에 우울한 내 마음도 비와 함께 무너져 내렸다. 그래서 흐린 날에는 남편에게 일찍 퇴근해 달라고 부탁하기도 했다. 그때는 '독박 육아'라는 말도 없던 때라 엄마 혼자 집에서 아기를 돌보는 것이 당연한 일이라고 생각했다.

신혼 초기에는 여행도 많이 가고 실컷 즐기다가 아이는 천천히 갖자고 했었다. 하지만 편찮으신 시할머니께서 증손주를 원하셨다. 어쩔 수 없이 스물여섯 살이라는 어린 나이에 첫째를 낳았다. 아직 준비되지 않은 상태에서 엄마 노릇을 하려다 보니 많이 힘들었다.

'이 세상 모든 엄마는 강하다'고 한다. 나는 그렇지 않았다. 아이를 낳고 혼자 있는 시간이 힘들었다. 엄마 자격이 없다고 생각했다. 모든 사람은 불가피한 상황이 되면 강해진다. 그렇지 못했던 나는, 약하면 약한 대로 자신을 있는 그대로 인정해야 했다. 차라리 고정관념과 외부요인에 떠밀리지 않고 나에게 맞는 엄마의 역할과 방법을 스스로 찾아보기로 했다.

음악과 책으로 산후 우울증 극복을 시작했다. 낮에는 늘 음악을 틀어놓고 선율에 나의 마음을 기울였다. 아기가 놀 때는 동요, 잠잘 때는 클래식, 나 혼자만의 시간에는 가요를 들으며 흥얼거렸다. 아이가 잠들고 나면 육아서와 나를 위한 자기계발서를 보았다.

어느 날 남편이 책 한 권을 추천해 주었다. 존 그레이의 『화성에서 온 남자 금성에서 온 여자』였다. 남자와 여자의 사고방식 차이에 관한 책이었다. 둘은 문제가 발생하면 해결 방법에서 차이가 났다. 화성인 남자는 혼자 동굴 안으로 들어가 해결책을 찾는다. 금성인 여자는 누군가에게 자기 문제를 솔직히 터놓고 이야기하면 기분이 좋아진다.

책을 읽다 보니 그동안 내가 왜 그렇게 힘들었는지 조금은 알게 되었다. 남편은 늘 바빴고 종일 아이와 둘만 있다 보니 얘기를 할 상대가 없었다. 말 한마디 할 곳 없어서 외로웠다. 세상에서 내가 제일 불쌍하다고 혼자 생각하고 결론을 내렸다. 나만 힘들고 피해자라는 생각에 확신이 더해졌다. 내 얘기에 귀 기울여 줄 누군가가 필요했지만 아무도 없었다.

책을 읽고 나서 이런 힘든 마음을 남편에게 얘기했다. 다행히 도와주겠다고 했다. 퇴근 후 아이를 재우고 나서 둘이 이야기하는 시간을 갖기로 했다. 대화하면서 상대방을 이해하려고 한 발짝씩 다가갔다. 그 후로 동굴에 들어가고 싶어 하는 그의 마음을 조금씩 이해해 주었다. 물론 동굴에서 나오면 적극적으로 육아에 동참했다. 서로의 마음과 입장을 내가 아닌 상대방의 기준에서 이해하는 방법을 조금은 배웠다.

책을 먼저 읽고 추천해 준 것이 '나를 이해해 달라'라는 의미가 아닌, '나도 너를 이해해'라는 의미로 느껴졌다. 서로의 언어를 조금씩 이해하게 되었다. 남편이 방에 있으면 이렇게 물었다.

"동굴이야?"

"응"이라고 하면 나올 때까지 기다려 주었다. 아니라고 하면 들어가서 용건을 얘기했다. 덕분에 싸울 일도 줄었다.

내가 우울했던 이유는 몸도 마음도 나 혼자만 변했다는 생각 때문이었다. 결혼과 출산 후 남편은 예전과 달라진 게 없어 보였다. 나의 일상만 변한 것 같으니 그게 너무 억울했다. 대화하다 보니 가장 역할을 맡은 그도 힘들어 보였다. 어쩌면 늦게 왔다고 짜증을 내는 나에게 이런 말을 하고 싶었을 것이다.

"나도 힘들어서 일찍 퇴근하고 싶어! 나는 뭐 야근하고 싶어서 늦게 오는 줄 알아?"

세 식구를 책임지려고 열심히 일하는 그를 이해하려고 노력했다. 우리는 화성과 금성의 언어로 소통하면서 힘든 상황을 조금 빨리 지나갈 수 있었다.

서로를 이해하지 못할 때 원망과 불화가 생겨난다. 아기를 낳고 변한 일상은 누구나 힘든 과정이다. 이런 과정에서 우울감을 많이 겪기도 한다. 이럴 때 힘든 감정을 나누는 것만으로 해소된다. 혼자 해결하려고 하지 말고 도움을 청해 보자. 가족들과의 대화로 힘든 시기를 이겨낼 수 있다. 자신의 감정을 공유하고 이해와 공감을 받는 것은 매우 중요하다. 대화로 스트레스와 불안을 해소하고 정서적 부담을 줄인다. 이야기를 듣고 공감해 주는 내 편이 있다는 것은 안정감을 준다.

혹시, 가족과 대화하기 힘든 환경이라면 글쓰기로 속마음을 풀어내는 방법도 있다. 종종 말로 표현하기 어려운 감정을 글로 쓰는 것이 더 쉽게 느껴질 수 있다. 자신의 소리에 귀를 기울이고 마음을 글로 표현하면 자기 인식이 향상된다. 글쓰기는 치유 과정의 일부가 되기도 한다. 자기 내면과의 대화는 자신감을 회복하는 데 도움이 된다. 온라인 커뮤니티나 블로그에 자신의 경험을 다른 사람들과 공유함으로써 사회적 고립감을 줄일 수 있다. 나의 이야기가 누군가에게 공감을 주고 다른 사람의 얘기는 나에게 울림을 준다. 더불어 나만 힘들다고 생각했던 마음에 위로가 된다.

우울한 마음 극복을 위한 라이프 코치의 TIP

1. 대화하기

친구나 가족에게 마음을 털어놓자. 함께 이야기하는 것만으로도 마음이 한결 가벼워진다.

2. 취미 즐기기

좋아하는 활동을 하며 잠깐이라도 스트레스에서 벗어나자. 음악 듣기, 책읽기 같은 간단한 일도 좋다.

3. 일기나 글쓰기

매일의 감정과 생각을 일기나 짧은 글로 기록하며 내면의 감정을 표현해보자.

4. 전문가 찾기

너무 힘들면 전문가와 상담을 추천한다. 전문가의 도움으로 더 잘 극복할수 있다.

2. 세상을 향한 첫걸음, 어린이집 첫날

아이가 돌쯤 되었다. 또래 친구를 만나면서 사회성을 키워주고 싶었다. 어린이집에 보내기로 마음먹었지만, 막상 보내려니 두려움과 걱정이 앞섰다. 새로운 환경에서 적응하고 친구와 잘 어울릴지 걱정되었다. 하지만 한편으로는 잘 해낼 거라는 믿음도 있었다.

근처에 어린이집 몇 군데를 아이와 함께 가 보았다. 처음에는 낯설고 어색해서 쭈뼛거리며 내 옆에만 붙어 있었다. 조금 시간이 지나자 선생님과 놀이를 시작했다. 그런 모습에 안심이 되었다. 여러 곳 중 한 곳을 선택했다. 다양한 프로그램보다는 상담하는 동안 아이가 선생님과 편하게 잘 지냈던 어린이집으로 결정했다. 아이가 잘 놀 수 있는 편안한 환경이 안정감을 준다고 생각했다. 노란색 어린이집 가방과 식판을 받아서 집으로 돌아왔다. 첫 학부모기 되는 마음이 이런 것일까? 걱정과 설렘의 복잡하고 미묘한 감정에 잠이 오지 않았다.

아침 출근길에 어린이집으로 먼저 향했다. 딸은 도착하자마자 익숙한 듯 선생님과 놀이를 시작했다. 재미있게 놀고 있어서 몰래 어린이집을 나섰다. 어떻게 알았는지 나오자마자 딸의 울음소리가 크게 들렸다. 다시 들어가야 하나 말아야 하나 고민하면서 문 앞에 잠시 서 있었다. 아이의 우는 소리에 마음이 아파서 눈물이 났다. 첫날부터 이런데 앞으로 계속 보낼 수 있을지 걱정되었다.

선생님은 딸을 달래며 "엄마는 회사에 가셨어. 재미있게 놀고 있으면 금방 오실 거야"라고 설명해 주었다. 하지만 아랑곳하지 않고 더 크게 울었다. 울음이 그칠 때까지 문 앞에 계속 서 있었다. 다행히 얼마 후 울음을 그쳤다. 나는 그제야 마음이 놓여 뒤돌아섰다. 발걸음은 천근만근이었다.

마음이 무거워 회사에 와서도 일이 손에 잡히지 않았다. 시간도 참 더디게 간다고 느껴졌다. 첫날이라 그런지 잠시 떨어져 있는 것도 불안했다. 점심때 부랴부랴 어린이집으로 향했다. 두 시간 만에 아이를 마주하게 되었다. 아이는 현관 앞에서 나를 보자마자 방긋 웃었다. 불안감이 어느새 사라지고 반가움에 딸을 꼭 안아주었다.

원장님께서 첫날 이야기를 해 주었다. 내가 갑자기 없어지자 떠나갈 것처럼 울다가 다행히 금방 그쳤다고 했다. 아이가 엄마와 처음 떨어질 때 우는 것은 너무도 당연한 일이라고 했다. 잘 달래면 언제 그랬냐는 듯이 울음을 그치니 너무 걱정하지 말라고 나를 안심시켰다. 대신 아이 곁을 떠날 때는 꼭 미리 말해 주라고 당부하였다.

전부 알아듣지는 못해도 상황을 설명하면 무슨 일이 일어나고 있는지 느낄 수 있다. 엄마가 다시 돌아올 것이라는 확신을 주면 안정감을 가진다. 처음은 어렵겠지만, 어릴 때부터 힘든 감정을 경험하고 표현하면서 감정을 극복하는 방법을 배울 수 있다. 감정 조절 능력이 향상되면 어떠한 상황에서도 무조건 보채거나 떼쓰지 않고 기다릴 줄 알게 된다.

그 후로 딸과 헤어질 때 꼭 인사를 했다.

"친구들이랑 재미있게 놀고 있어. 엄마도 회사 가서 열심히 일하고 올게"라고 말하면서 꼭 안아주었다. 아이가 알아들었는지는 모르지만, 엄마가 다시 올 거라고 믿고 순순히 손을 놓아 주었다.

돌 무렵이 된 영아의 뇌 발달 정도는 성인의 40%이다. 어른들의 이야기를 다 이해하지 못하지만, 분위기, 몸짓과 함께 알 수 있다. 예를 들어 "바이바이"라고 하면 손을 흔들거나 "엄마 어디 있지?"라고 하면 엄마를 바라볼 수 있다. 그래서 반복적인 언어와 표정으로 '기다려', '앗 뜨거워' 같은 말을 하게 되면 어느 정도 알아듣고 행동한다.

흔히 대화라고 하면 말로 하는 것을 생각한다. 하지만 대화는 마음을 표현하고 전달하는 모든 과정이다. 단순히 말을 알아들어야 주고받는 것이 아니다. 부모와 아이가 마음으로 의사소통하고 이해하는 과정이 대화이다. 이러한 과정을 통해 아이의 사고력이 발달하고 다른 사람과 관계를 맺어 나가는 방법을 터득한다.

아이가 만나는 첫 사회는 바로 어린이집과 같은 보육 기관이다. 가정이라는 울타리에서 혼자 자랄 때와는 다른 경험을 하게 된다. 엄마는 아이를 떼어 놓을 때 극도의 불안을 느낀다. 이때 엄마가 느끼는 감정은 아이에게 고스란히 전이된다. 그러므로 엄마가 감정을 추스르고 가능한 의연한 태도를 보여야 한다. 잘 적응할 수 있다는 믿음으로 아이가 마주할 바깥세상을 응원해야 한다.

선생님을 믿고 조금 단호하게 그 자리를 떠나야 한다. 아이는 엄마가 단호함을 보여야 선생님에게 신뢰의 마음을 갖는다. 처음에는 두려워서 울지만, 그 감정을 이겨내고 나면 선생님에게도 엄마와 같은 안정감을 느끼게 된다. 그런 내면의 힘과 경험들이 쌓여 튼튼한 마음의 뿌리가 자라

난다.

    어린이집에 아이를 처음 보내면 엄마의 마음은 복잡하다. 걱정과 기대, 기쁨과 슬픔이 뒤섞여 있지만, 이 모든 것은 결국 아이를 향한 무한한 사랑과 관심이다. 세상을 향해 첫걸음을 내딛는 중요한 순간, 엄마는 아이의 커나갈 미래를 기대하고 응원해야 한다.

처음 보육 기관을 보낼 때 라이프 코치의 TIP

1. 설명해 주기

아이에게 어린이집에 가는 것이 어떤 건지, 엄마가 언제 돌아올지 알려준다. 간단하고 친절하게 말해 주면 아이가 더 안심할 수 있다.

2. 웃으면서 인사하기

아이를 어린이집에 데려다 줄 때와 데리러 갈 때 항상 밝은 얼굴로 인사한다. 아이가 어린이집을 좋은 곳이라고 느끼게 도와준다.

3. 포옹과 작별 인사

아이와 잠시 헤어질 때는 따뜻하게 안아주고, "잘 다녀와"라고 말해준다. 이렇게 하면 엄마를 다시 만날 걸 알고 더 안정감을 가진다.

3. 아이의 개성을 이해하다

기질이란 '사람이 태어날 때부터 가지고 있는 자신만의 고유한 특성'을 말한다. 타고난 기질에 태어난 이후의 환경이 더해지면 성격이 형성된다. 아이들의 기질을 이해하는 것은 매우 중요하다. 모든 아이는 독특하며, 그들의 기질에 맞춘 개별적인 양육 방식이 필요하다. 기질을 알면 부모는 아이의 감정과 반응을 더 잘 이해하고 아이는 자신의 감정을 제대로 표현하는 방법을 배운다.

지우는 5살 남자아이로 활동적이고 새로운 환경에 대한 호기심이 많았다. 어디를 가든 이것저것 만지며 돌아다녔다. 아이를 따라다니며 정리하는 것이 엄마에게는 힘든 일이었다.

"지우야, 가만히 좀 있어. 어쩌면 한시도 가만있지 않니?"

아이가 항상 뛰어다니기 때문에 사고가 날까 봐 잠시도 눈을 뗄 수 없었다. 무엇이든 집중하지 못하고 쉽게 주의가 산만해졌다. 엄마는 유치원에서 다른 아이에 비해 뒤처질까 봐 늘 걱정이었다.

어느 날 아빠와 함께 놀이공원을 갔다가 지우의 낯선 모습을 발견했다. 그동안 싫증 나면 금방 딴짓하던 모습이 아니었다. 책에서 보던 호랑이, 원숭이 등을 한참 동안 주의 깊게 보고 끊임없이 질문을 했다.

"아빠. 호랑이는 왜 가만히 있어? 원숭이는 뭐 먹어?"

지우가 그렇게 무언가에 집중하는 모습은 처음이었다. 한참을 묻고 나서야 다른 곳으로 이동했다. 이곳저곳 다니면서 다양한 동물에게 관심을 가졌다. 해가 질 때까지 다녀도 지치지 않고 오히려 신나 했다. 그 모습을 보니 아들이 얼마나 에너지가 넘치는지 실감할 수 있었다.

지우는 호기심이 많은 '외향형 기질'의 아이였다. 가만히 있는 것보다 새로운 사람들을 만나고 다양한 활동을 하는 것을 좋아했다. 이런 아이들은 주변 세상에 대해 끊임없이 질문하고 탐구한다. 이때 다양한 활동에 참여해서 새로운 것을 배우고 경험하는 기회를 줘야 한다. 자신의 욕구나 생각을 많이 표현하게 하고 안전한 환경에서 에너지를 발산하게 해야 한다. 잔디밭이나 운동장 등 넓은 곳에서 뛸 수 있는 환경을 자주 만들어 주고 야외 활동을 하는 것이 좋다.

아이는 관심 있는 것을 탐색하고 관찰하면서 호기심을 채운다. 이것은 지적 호기심으로 발전되어 집중력이 높은 아이로 키울 수 있다. 호기심 많고 외향적인 아이는 다양한 경험을 통해 많은 것을 배울 수 있다. 하지만 새로운 것을 시도하다 보면 실패할 수도 있다. 이때 실패를 긍정적인 학습 경험으로 생각하고 계속 시도할 수 있도록 격려해 주어야 한다.

시은이는 8살 여자아이이다. 주로 혼자서 책을 읽거나 그림 그리기를 좋아하는 차분한 아이였다. 하지만 초등학교에 입학하고부터 아침마다 엄마랑 실랑이했다.

"엄마 학교 안 가면 안 돼요?"

"왜?"

"아니, 그냥 학교 가기가 싫어요."

아침이면 매일 울면서 일어났다. 아이가 학교에 입학하면 학부모들이 더욱 긴장한다. 적응만 잘하면 좋겠는데 아침마다 눈물바람이었다. 생각해 보니 유치원에 처음 갈 때도 힘들어했다. 하지만 시간이 지나서 차츰 적응하고 나니 큰 문제 없이 잘 다녔다. 이제는 컸으니, 괜찮겠다고 생각했는데 그렇지 않았다. 유치원처럼 적응 기간 동안 학교를 안 보낼 수도 없어서 엄마는 걱정되었다.

이럴 때는 아이의 마음을 이해해 주어야 한다. 시은이처럼 '내향형 기질'의 아이들은 때때로 새로운 환경과 사회적 상황에 적응하는 데 많은 시간이 필요하다. 부모들이 마음의 여유를 가지고 충분히 기다려야 한다. 이때 다른 아이와 비교하지 말고 조금씩 변화되고 적응하는 모습을 편안한 마음으로 지켜봐야 한다.

그런데 성격이 급한 부모들은 학교는 당연히 가야지, 왜 안 가냐며 더욱 다그치기도 한다. 아이는 새로운 사람을 만날 때, 또는 낯선 환경이나 물건을 접할 때 불안을 느낀다. 그래서 새로운 환경을 접할 때는 부모가 함께 새로운 것을 탐색하고 익숙해질 때까지 기다려야 한다. 아이의 마음을 이해하고 공감하는 것이 중요하다.

"우리 딸, 학교가 처음이라서 낯설고 많이 불안하지? 엄마도 처음에는 그랬어."

너만 불안하고 힘든 게 아님을 알려주고 누구나 다 그럴 수 있다고 안심시켜준다. 학교에 함께 가서 교실, 놀이터, 도서관 등 주요 장소를 탐색하면 적응을 도와줄 수 있다. 친구들과 즐거웠던 일들을 이야기하면 불안한 마음이 줄어든다. 자신의 감정을 그림으로 표현하거나 일기에 쓸 수 있도록 하면서 감정 표현의 기회를 주는 것도 좋은 방법이다. 무엇보다 부모가 여유로운 마음으로 이해하는 것이 아이가 새로운 환경에 자신감을 가지고 적응하는 데 큰 용기를 준다.

아영이는 24개월의 여자아이다. 아영이는 큰소리나 밝은 빛 같은 자극적인 환경에 쉽게 스트레스를 받는다. 아주 작은 소리에도 깨고, 깊은 잠을 자지 않아서 종일 안고 있어야 했다. 어느 날 밤에는 이유 없이 깨서 큰 소리로 울었다. 엄마와 아빠는 자다가 놀라서 벌떡 일어나 아이를 달랬다.

"아영아, 왜 울어? 나쁜 꿈이라도 꿨어?"

옆집에서 들으면 마치 아이를 때리기라도 한 것처럼 고래고래 소리를 지르면서 울었다. 매일 놀란 가슴을 쓸어내리며 아이를 품에 안고 새벽잠을 설쳤다. 낮에는 껌딱지처럼 엄마 옆에 붙어 있어서 아무것도 하지 못했다. 평소에도 감정의 변화가 심해서 자신이 원하는 대로 안 되면 짜증을 심하게 냈다. 좋고 싫은 것이 너무 분명하고 이것저것 섬세하게 요구하는 것도 많아서 아이에게 맞춰주는 것이 너무 힘들다며 엄마는 하소연했다.

아영이는 예민한 기질을 가진 아이였다 이런 기질의 아이는 주변에서 일어나는 변화에 민감하게 반응하며 감정을 표현한다. 그래서 타인이 알아채지 못하는 미묘한 부분을 간파해서 다른 시각을 제시하기도 한다. 변화에 민감한 예민한 기질은 나쁜 것이 아니라 섬세한 감각과 깊은 감정의 표현일 뿐이다. 이때 아이에게 가장 필요한 것은 부모의 안정감이다.

아이에게 수면, 식사, 목욕 등 일상 활동을 일정한 시간에 하도록 루틴을 만들면 안정감을 주고 불안을 줄이는 데 도움이 된다.

아이가 보내는 신호에 주의를 기울이고, 울음이나 불안의 징후가 보이면 적시에 반응해야 한다. 예민한 기질의 아이는 자신의 필요를 표현하는 데 더 민감할 수 있으므로, 그들의 필요에 신속하게 응답하는 것이 중요하다. 다정한 눈맞춤과 스킨십으로 아이에게 심리적으로 편안함을 줄 수 있다. 예민함을 재능으로 키우려면 아이를 잘 관찰해야 한다. 부드럽고 이해심 있는 양육으로 아이가 가진 특별함을 찾아서 창의적인 아이로 키울 수 있다.

동진이는 36개월 남자아이다. 워낙 순해서 울거나 불편함을 잘 표현하지 않는 편이었다. 장난감을 가지고 놀다가 넘어져도 잘 울지 않았다. 동진아 "아야 했지? 어디 아프니?"라고 물어야 "응"이라고 대답했다. 어느 날은 어린이집에 가서 수업 중에 놀다가 발을 다치고 왔는데 엄마는 미처 몰랐다. 선생님에게 전화를 받고 나서야 다친 걸 알았다. 엄마는 의사 표현을 잘하지 못하는 아이 때문에 속상했다. 밖에 나가서 친구들에게 치일까 늘 노심초사였다.

동진이는 순한 기질의 아이였다. 순한 기질의 아이는 대체로 조용하고 순응적이다. 자신의 감정이나 욕구를 표현하는 데 어려움을 겪는다. 때로 새로운 환경이나 활동에 주저해서 다양한 경험과 배우고 성장하는 기회를 놓칠 수 있다. 그 때문에 부모가 아이를 지나치게 보호하려는 경향이 있다. 이때 아이가 부모의 지시나 도움에 너무 의존하는 경우, 독립성이 충분히 발달하지 못할 수 있다.

부모는 아이가 감정과 생각을 표현하도록 도와주어야 한다. 아이에게 적절한 수준의 도전을 제공하면 그 과정에서 실패와 성공을 통해 학습하고 자신감을 키울 수 있다. 아이에게 작은 책임을 주고 스스로 해내면서 독립성을 키울 수 있다. 간단한 가정 일을 맡기거나 자기 옷을 선택하도록 하는 등 스스로 결정하는 기회를 주도록 한다. 부모의 지지와 격려는 아이가 자신감을 키우고 독립성을 강화하는 데 필수적이다.

부모라고 우리 아이의 모든 것을 잘 알고 키울 수는 없다. 아이의 기질을 이해하고 인정하는 것은 육아의 핵심이다. 아이들이 자신의 감정이나 요구를 표현하는 데 어려움을 겪을 때 부모가 아이의 신체 언어, 표정, 소리 등을 주의 깊게 관찰하고 대화해야 한다. 아이들은 개별적인 성격과 특징을 가지고 있어서 그들의 기질을 인정하고 존중하고 아이의 행동에 따라서 육아하는 방법도 달라져야 한다. 이러한 기질은 엄격히 분류하기보다는 아이들의 다양한 특성을 인정하고 이해해야 한다. 기질은 성장과 발달에 따라 변할 수 있으며, 양육 환경과 경험에 영향을 받을 수 있다. 각 아이의 기질에 맞춘 육아 방법은 아이가 자신의 성향을 긍정적으로 발전시키고 건강한 자아를 형성하는 데 중요한 역할을 한다. 부모는 아이의 기질을 이해하고 지원과 지도를 함으로써 아이의 건강한 성장과 발달을 도울 수 있다.

아이 기질에 맞는 양육을 위한 라이프 코치의 TIP

1. 아이의 특성 이해하기

아이는 자신만의 속도와 방식으로 성장한다. 타고난 기질을 이해하고 받아들이자.

2. 아이의 선택을 존중하기

아이가 직접 결정할 수 있게 선택권을 준다. 제한보다는 안전한 환경에서 자신의 욕구를 표현하고 탐험할 수 있도록 도와준다.

3. 감정을 공감하고 소통하기

아이 마음을 알아주는 건 정말 중요하다. 감정을 함께 공유하고 감정을 표현할 방법을 함께 찾아보자.

4. 다른 아이와 비교는 금물

'남의 떡이 더 커 보인다'라는 말처럼 나의 상황을 인정하고 만족하기란 참 어려운 일이다. 자식 일에는 더욱 그렇다. 우리나라에는 '엄친아, 엄친딸'이라는 말이 있다. 항상 "엄마 친구 아들은……"이라는 말로 시작하면서 자신이 바라는 아이의 모습과 여러 사례를 취합하여 과장되게 말한다. 특히, 자신의 아들을 친구와 비교할 때 사용하는 말로, 그 비교 대상이 학업이나 사회적 성취 면에서 매우 우수하다는 의미를 내포하고 있다. 이러한 비교는 종종 부모의 기대와 압력을 자녀에게 전달하는 수단으로 사용된다. 이때 아이는 스트레스, 자신감 하락, 불필요한 경쟁의식 등 부정적인 심리적 영향을 받을 수 있다.

현우는 9살 남자아이다. 호기심이 많고 활동적이라 가만히 앉아 있는 것을 힘들어했다. 엄마는 현우가 학교에 입학하면서 근심이 많아졌다. 다른 것보다 수업시간에 돌아다닐까 봐 제일 걱정되었다. 학습을 시킬 때도 문제였다. 아직 한글을 다 익히지 못해서 받아쓰기 시험을 보는 날이면 엄마가 더 긴장했다. 아이를 아침 일찍 깨워서 받아쓰기 연습을 시켰다.

"현우야, 얼른 일어나서 엄마랑 받아쓰기 연습해야지!"

아이는 눈도 뜨지 못하고 감은 눈으로 징징거렸다.

"싫어, 안 해, 더 잘 거야!"

엄마는 속상했다. 학교에서 뒤처질까 봐, 한 단어라도 더 가르치려고 애썼다.

얼마 뒤 학교 부모 참관 수업을 했다. 아이들 수업을 뒤에서 보고 있다가 교실 뒤 아이들 작품에 눈이 갔다. 현우의 단짝 친구인 우진이의 글을 봤다. 또박또박 예쁘게 쓴 편지가 너무 부러웠다. 잘 그린 민서의 그림이 게시판에 크게 붙어 있는 걸 보고 나니 왠지 부끄러운 생각이 들었다. 내 자식은 다른 아이에 비해 글도 그림도 부족하다고 생각했다. 엄마는 학교에 다녀오니 더욱 걱정되었다. 당장 학원이라도 보내야겠다고 생각했다.

하지만 현우는 생각하는 것처럼 부족한 아이는 아니었다. 활동적이고 스포츠에 관심이 많은 아이였다. 한시도 가만히 있지 못하는 것은 넘치는 에너지 때문이었다. 그런 부분이 산만하다고 느낄 수도 있었다. 그러나 에너지와 운동 능력은 또래 친구들 사이에서도 인정받았다. 자신도 스포츠 활동에서 만족하고 있었다. 학교 체육 시간과 방과 후 스포츠 클럽은 하루 중 가장 좋아하는 시간이었다.

처음에는 현우도 부모의 기대에 부응하려고 학원도 다니고 공부도 열심히 했다. 하지만 공부하느라 운동 시간은 점점 줄어들었고, 그로 인해 스트레스와 불만이 쌓여갔다. 자신이 좋아하는 것을 할 수 없게 되자 점점 더 짜증을 내고, 학습에 관한 관심도 떨어졌다. 부모의 기대와는 달리 학업 성적은 향상되기는커녕 오히려 하락했다.

부모가 다른 아이의 기준에 비교하다 보니 우리 아이가 부족하다고 느꼈다. 하지만 아이들은 서로 다른 개성과 능력을 갖추고 있다. 부모는 내 아이 특성을 이해하고 인정해야 한다. 개성과 능력을 인정하고 장점에 초점을 맞추어 키우면 스스로 가치를 높일 수 있다. 이때 중요한 것은 부모의 관심이다. 아이가 무엇을 좋아하고 하고 싶은지 적극적으로 소통하고 자신의 감정을 표현할 수 있는 환경을 만들어야 한다.

다른 아이와 비교하는 마음을 잠시 내려놓자. 우리 아이를 있는 그대로 인정하고 아이의 장점에 집중하다 보면 부족한 부분이 잘 보이지 않고 칭찬할 일이 많아진다. 칭찬받고 자란 아이는 자신감이 높아진다. 또한, 긍정적인 자아개념을 형성하고 성취감과 보람을 느낀다.

아이들의 각자 다른 성장과 발달은 자신만의 속도와 방식으로 이루어진다. 개별적인 존재로서 존중받고 그들의 독특한 재능과 특성을 인정받아야 한다. 이때 아이들이 자신의 개성을 발휘하고 자신감 있게 성장하는 환경을 조성하는 것이 부모의 역할이다.

아이의 개성과 장점을 인정하고 지지하기 위한 라이프 코치의 TIP

1. 아이 취미 존중하기

아이가 좋아하는 것을 함께 해 보자. 취미를 통해 아이가 더 행복해진다.

2. 자기 속도 이해하기

아이가 느리게 배우더라도 괜찮다. 아이만의 속도로 성장하게 지켜봐 주는 것이 부모의 역할이다.

3. 칭찬 많이 하기

아이가 한 일에 대해 많이 칭찬해 주자. 칭찬을 많이 받고 자란 아이는 자신감이 커진다.

5. 아이에게 주는 기회라는 선물

아이를 키우면서 다른 아이와 차이를 크게 느낄 때가 바로 말을 시작할 때이다. 아기의 언어 발달 단계는 울음에서 시작한다. 생후 첫 몇 주 동안 아기들은 울음으로 자신의 기본적인 필요를 표현한다. 주로 배고픔, 통증, 불편함을 알리는 수단이다. 3~4개월 이후부터는 옹알이로 감정을 표현한다. 시간이 지나면서 주변 환경의 소리, 특히 보호자가 사용하는 언어의 소리를 인식하고 구음으로 모방하기 시작한다. 대부분 아기는 생후 1년 전후에 '엄마, 아빠' 등 간단한 이름을 첫 단어로 말하기 시작한다. 24개월 이후가 되면 두세 단어를 붙여서 말하기 시작하는데 그때부터 아이들의 환경에 따라 발달에 많은 차이가 난다. 이 시기에 어휘력은 급속도로 발전해서 아이 대부분은 수백 개의 단어를 이해하고 사용할 수 있다. 이때부터 엄마의 마음이 조급해진다.

30개월 된 승우 엄마는 고민이 많았다. 옆집 아이는 "엄마, 물 주세요"라고 의사 표현을 문장으로 말하는데 승우는 "엄마, 물"이라고 단어로만 표현했다. 그것도 아니면 손짓으로 '이거, 저거'라고 했다. 시댁에서는 남편도 말이 늦게 트였으니 걱정하지 말라고 하는데 속상한 마음은 어쩔 수 없었다.

아이마다 신체 발달 속도가 다르듯이 언어 발달 속도도 다르다. 하지만 아이들은 욕구나 감정을 언어로 표현한다. 언어로 사회적 상호작용을 배우고 인지나 학습 발달에도 영향을 준다. 따라서 월령별 언어 발달을 알아보고 말이 늦으면 인지나 사회성 발달의 지연은 없는지 확인해 볼 필요가 있다.

승우는 자신의 의사를 표현할 때 '이거, 저거' 등의 지시어나 손가락으로 가리키며 했다. 상대가 잘못 알아들으면 답답해서 울거나 떼를 썼다. 어린이집에서는 아이들하고 놀다가 말을 잘 못 해 장난감을 빼앗으면서 친구를 밀쳐 다툼이 났다.

엄마도 승우가 첫아이라서 이유를 잘 몰라 더욱 힘들었다. 그런데 둘이 함께 있는 모습에서 그 이유가 분명하게 드러났다. 엄마는 너무 눈치가 빠른 게 문제였다. 승우가 무얼 원하고 하고 싶은지 말하지 않아도 엄마가 미리 준비해 놓았다. 그러다 보니 아이는 말할 필요가 없었다. 승우가 두리번거리면 벌써 컵을 갖다 주며 말했다.

"물줄까?"

그러면 승우는 끄덕이기만 했다. 아이에게 욕구를 표현할 기회를 주지 않았다. 아이만 주시하면서 무엇이든 미리 준비하고 있었다. 그러니 말로 표현할 기회가 없고 그럴 필요도 없었다. 이럴 때 엄마는 질문하고 아이가 표현할 기회를 줘야 한다.

"승우야, 뭐 필요하니?"

"물."

"우리 승우 물 먹고 싶구나! '엄마, 물 주세요'라고 하면 되는 거야."

아이 말에 뒤이어 완성된 문장으로 말해준다. 아이는 계속 '물'이라고 단어만 말하다가 차츰 "물 주세요"라고 한다. 엄마가 생활 속에서 문장으로 알려주고 따라 하다 보면 자연스럽게 언어 발달을 한다.

아기가 '엄마'라고 말하기 위해 수천 번을 들어야 하는 것과 같은 이치다. 생활 속에서 아이가 표현해야 할 단어, 문장 등을 많이 들려주고 말할 수 있도록 하는 것이 좋다. 이 시기에 책을 많이 읽으면 자연스럽게 언어 발달을 시킬 수 있다.

언어 발달 시기에는 그림으로 세상을 경험시켜 주는 것이 도움이 된다. 예시로 웅진북클럽의 생활 동화 〈첫 생활 그림책 늠름〉을 들 수 있다.

『마법의 말 안녕하세요』는 꼬마용이 릴리라는 소녀에게 말을 배우는 이야기다. 릴리는 꼬마용과 함께 학교에 가면서 길에서 만나는 사람들에게 "안녕하세요?"라고 인사를 했다. 하지만 꼬마용은 인사하는 방법을 몰라서 우물쭈물하거나 모르는 척을 했다. 꼬마용도 릴리처럼 인사하고 싶었다. 하지만 어떻게 하는지 잘 몰랐다. 꼬마용은 속상했다. 릴리처럼 인사를 잘하고 싶었다. 그래서 학교를 마치고 집에 혼자 돌아오면서 연습해 보았다. 아침에 릴리가 인사하는 모습을 생각하면서 "안녕하세요?"라고 용기 내서 목청껏 소리를 질러보았다. 마침내 입 밖으로 인사가 튀어나왔다. 막상 해 보니 어렵지 않고 별거 아니었다. 상대방도 반갑게 인사해 주었다. 꼬마용은 기분이 좋아졌다. 인사는 다른 사람에게 주면 줄수록 오히려 더 많이 되돌려 받았다. 마법 같은 말이라는 것도 깨달았다. 그 후로 꼬마용은 인사를 잘하게 되었다.

언어 발달이 늦으면 친구들과 상호작용이 안 돼서 잘 놀지 못한다. 의사 표현을 못 해서 장난감을 빼앗거나 울음으로 표현하기도 한다. 이때 책을 통한 간접 경험이 여러 상황에서 친구들과 놀 때 필요한 다양한 말을 표현할 수 있도록 도와줄 수 있다. 책 속에 나오는 또래 친구들을 보면서 간접적인 사회 경험을 해볼 수 있다. "나랑 같이 놀자", "나도 이거 가지고 놀래" 등의 다양한 언어 표현을 보고 배운다. 책을 읽으면서 자연스럽게 언어와 사회성이 발달한다. 더불어 엄마와 상호작용으로 애착 형성과 정서적 안정을 키울 수 있다.

'과유불급'이라는 말이 있다. 뭐든지 다 해 주고 싶은 부모 마음은 모두 마찬가지다. 넘치는 관심과 사랑으로 모든 것을 부모가 다 해 주려고 할 필요는 없다. 적당하게 아이가 스스로 할 기회를 줘야 한다. 시기마다 배워야 할 과정을 통해서 몸도 마음도 건강하게 키울 수 있다.

아이에게 스스로 할 기회를 주는 것은 자립심과 자신감을 길러주는 데 중요한 역할을 한다. 어떠한 문제에 직면했을 때 그것을 스스로 해결하기 위해 노력하는 과정에서 아이들은 문제 해결 능력을 기르게 된다. 이는 나중에 더 큰 문제와 직면했을 때도 침착하게 대응할 수 있는 기반을 다진다. 이때 얻은 실패를 통해 그들은 인내심과 끈기를 배우고 성공을 통해 자신감과 자부심을 느낀다.

'기회'는 세상과 새로운 관계를 맺게 해 주는 선물이다. 아이가 세상을 이해하고, 자신을 스스로 발견하며, 미래를 준비하는 중요한 도구가 된다. 부모는 자녀에게 기회를 충분히 주고, 한걸음 뒤에 물러나서 성장을 응원하고 지지해야 한다.

자립심을 위한 라이프 코치의 TIP

1. 작은 임무 맡기기

아이에게 간단한 집안일을 맡겨보자. 식탁 정리나 장난감 정돈과 같은 일을 도울 수 있도록 한다.

2. 의견 묻기

일상적인 결정, 예를 들어 무엇을 저녁으로 먹을지, 주말에 무엇을 할지 아이의 의견을 물어보자. 이때 아이는 자신의 의견이 중요하다고 느낀다.

3. 책으로 간접 경험 하기

책을 통해 아이들은 직접 경험할 수 없는 다양한 상황, 문화, 감정을 경험한다. 책 속의 모습을 동일시하며 이해력과 공감 능력이 향상된다.

6. 아이 스스로 길을 찾다

팀장으로 일하면서 둘째 딸을 낳았다. 바쁜 엄마 덕분에 어렸을 때부터 어쩔 수 없이 스스로 해야 하는 것들이 많았다. 하지만 오히려 그 시간을 즐기며 혼자서 공부도, 숙제도 알아서 잘했다. 옆에 있으면 잔소리를 했을 엄마가 없어서 그랬는지 모른다. 해준 것도 별로 없는데 학교에서도 모범생이라고 소문이 날 정도로 손이 안 가는 아이였다. 학원을 가기 싫어하고 집에서 공부하기를 원했다. 초등학교와 중학교 때 학원에 다니지 않고 혼자서 공부하며 자기 주도 학습을 했다. 알아서 잘해서 큰 걱정 없이 자라고 있다고 생각했다. 그런데 고등학교에 입학하면서 고민이 시작되었다. 어느 날 퇴근하고 집에 오니 딸이 갑자기 얘기하자고 했다.

"엄마, 나 '학업 중단 숙려제'하고 싶어요."

"그게 뭔데?"

학업 중단 숙려제란? 자퇴의 뜻을 밝힌 학생에게 학교장이 일정 기간의 숙려 기간을 주어 위 센터(학생들의 학교 적응을 돕는 서비스)나 교내 대안 교실, 학교 밖 청소년 지원 센터 등 관련 기관에서 상담과 진로 적성 프로그램을 이용하는 제도이다.

자퇴라니 눈앞이 캄캄했다. 자퇴는 학교에 적응하지 못하거나 사건,

사고가 나서 어쩔 수 없이 하는 걸로만 알았다. 막상 우리 딸이 학교에 적응 못 한다고 생각하니 조금 심란했다. 고등학생이 되면서 학원에 다니기 시작했고 조금 힘들어하는 것은 알고 있었지만, 자퇴까지 생각하는 줄은 몰랐다. 내가 딸에게 너무 무관심했던 것 같아서 죄책감이 들었다.

딸은 중3 겨울방학 때 고입을 준비하면서 스스로 원해서 학원에 다니기 시작했다. 영어와 국어 학원을 기본으로 미대를 목표로 미술 학원까지 다녔다. 미대 입시까지 생각해서 갑자기 여러 학원을 다니다 보니 일이 터진 것이었다. 일주일 동안 하교 후 학원에 바로 갔다가 10시가 되어 집에 왔다. 한 달쯤 다니고 혼자 공부할 시간이 없다면서 걱정했다. 하지만 학원을 그만두면 다른 아이들보다 많이 뒤처질까 봐 걱정돼서 이도 저도 못 하는 상황이었다. 그러다 얼마 후 공부에 집중하겠다면서 과감하게 미술 학원을 그만두었다. 학원과 학습 주도권은 대부분 아이에게 맡기는 편이라 크게 개의치 않았다. 그러고 나서 큰 문제가 없다고 생각했다.

그런데 어느 날 갑자기, 자퇴하고 혼자 공부하면서 검정고시로 미대 입시를 준비한다는 것이었다. 집중해서 공부하면 효율적으로 대입까지 1년 정도의 시간을 줄일 수 있다고 하는데 딱히 반박할 수가 없었다. 지금 당장 자퇴를 하겠다는 것은 아니었다. '학업 중단 숙려제'를 이용해서 2주 정도 자신이 학교에 다니지 않고 혼자서 할 수 있을지 경험해 보고 싶다고 했다. 학교에 다니면서 그간 아무런 얘기가 없어서 잘 몰랐는데 혼자 고민하고 있었다니 너무 놀랐다. 미리 눈치채지 못해서 좀 미안했다. 무조건 반대하기보다는 먼저, 학업 중단 후 어떻게 할지 진로 계획서를 작성해 보라고 했다. 이미 본인이 생각하고 계획한 것이 있다면서 '숙려제 학습계획서'를 선뜻 내밀었다.

계획서를 보니 딸의 마음이 확고하다는 생각이 들었다. 엄마가 되어 이런 경험은 처음이라 나도 당황스러웠다. 고등학교에 다니면서 다양한 활동을 통해 얻을 수 있는 경험과 추억이 있다. 그것을 포기하고 혼자서 해보겠다고 결심한 딸에게 어떻게 말해줘야 할지 잘 몰랐다. 하지만 얼마나 많이 생각하고 고민해서 말을 꺼냈을까 생각하니 마음이 짠했다. 마음은 이해하지만 새 학기가 시작한 지 얼마 안 되어 지금 결정하기에는 시기상으로 좀 일렀다. 덜컥 자퇴했다가 후회할지도 모른다고 생각했다. 중요한 결정인 만큼 고등학교 1년은 다녀보고 결정하면 좋겠다고 얘기해 주었다.

이미 첫째를 통해 대입을 경험했었다. 입시 전쟁에서 혼자 외롭게 싸워야 할 것이 불 보듯 뻔했다. 하지만 본인의 의지가 확고했다. 인생의 방향을 스스로 정하고 계획해서 잘 헤쳐 가고 있다는 생각도 들었다. 혼자 계획하고 해보려 한 것이 대견스러웠다. 딸을 믿고 응원해 주고 싶은 마음이 들었다.

목표가 있다면 그것을 이루는 데 정답이 있는 건 아니라고 생각한다. 여러 갈림길이 있듯이 다양한 방법을 통해 그 목표를 이룰 수 있다. 지름길로 가면 빠르지만 돌아서 가면 조금 늦는 대신 다양한 경험을 할 수 있다. 모든 선택과 책임은 아이에게 맡겨야 한다. 이때 부모가 믿고 기다리는 마음이 있어야 아이가 끝까지 도전할 힘이 생긴다. 길을 잘못 가거나 늦진 않을까, 조급한 마음에 참견하면 자기를 못 믿는다고 느낀다. 방향을 잃고 부모에게 의지하기도 한다. 결국, 잘 안되었을 때 자신이 아닌 부모의 탓을 하게 되는 것이다.

아이를 키우면서 제일 많이 키워줘야 할 마음이 바로 자존감이다. 자존감은 자신을 스스로 존중하는 마음이다. 스스로 무언가 해냈을 때 성취감이 생기고 이것이 쌓일수록 자존감이 높아진다. 자존감이 높은 아이로 키우려면 부모는 자녀가 스스로 결정하고 행동해서 결과를 받아들일 수 있도록 믿고 지켜보는 마음이 필요하다.

나도 딸을 응원하고 지켜보기로 했다. 어쩌면 마음이 변해 고등학교를 잘 졸업하게 될 수도 있다. 그렇다고 왜 변덕 부리냐고 할 필요도 없다. '지름길 대신 이정표를 따라가기로 선택했구나'라고 생각하면 된다. 지금 내가 할 역할은 아이의 생각과 결정을 믿고 지지해 주는 것이다. 그것이 옳은 결정인지 그렇지 않은지 판단도 스스로 생각할 수 있도록 말이다. 선택의 갈림길에서 많은 고민을 하며 스스로 큰 경험을 얻었을 것이다. 어떠한 길을 선택하든 자신의 길을 개척해 가는 내 딸을 믿는다.

긍정적인 부모 역할을 위한 라이프 코치의 TIP

1. 경청과 지지

자녀의 의견과 생각을 경청하고 결정을 존중해 준다. 자신의 감정과 계획을 편안하게 공유할 수 있도록 열린 대화가 필요하다.

2. 함께 계획하기

함께 구체적인 계획을 세우기. 이 과정에서 장단점, 가능한 대안, 진로 계획 등을 함께 고민해 보며 자녀가 현명한 결정을 내릴 수 있도록 도와준다.

3. 긍정적인 응원

자녀의 결정에 대해 긍정적인 태도로 응원해 준다. 믿음과 격려의 메시지를 전달하며 자신감을 가질 수 있도록 격려한다.

제2부
워킹맘의 모노로그

1. 요즘 엄마, 왜 그리 힘들까?

인공지능, IoT 등 기술과 서비스가 발전되면서 예전과 비교하면 우리의 일상은 더 효율적이고 편리해졌다. 하지만 전에 없던 '독박 육아', '산후 우울증'과 같은 말이 생겨난 걸 보면 육아에서는 예외인 것 같다. 요즘 엄마들이 더욱 힘들다고 느끼는 이유는 뭘까?

예전에 '아이를 낳으면 온 동네가 키운다'라는 말이 있듯이 독박 육아는 상상할 수 없는 단어였다. 오 남매 이상을 키워내셨던 어르신들은 기저귀도 안 빨면서 애 키우는 게 뭐가 그렇게 힘드냐고 한다. 요즘 엄마의 어려움을 이해하지 못한다. 말 그대로 그건 '옛말'이다. 예전에는 옆집 숟가락이 몇 개인지 알 정도로 가까웠다. 품앗이하듯 서로 아이를 돌보며 키웠다. 요즘은 부모의 도움을 받지 않으면 대부분 엄마 혼자 육아를 맡게 된다. 그래서 시간과 에너지를 절약하는 다양하고 편리한 육아용품들이 생겨났는지도 모른다.

육아 방법을 주위의 어른들이나 동네 엄마에게 물어보는 것이 전부였던 예전과는 달리 인터넷으로 정보를 검색한다. 그러다 보니 의식하지 않아도 또래 엄마들의 모습을 간접 경험할 수밖에 없다. 아기가 태어나기 전부터 육아용품을 검색해서 '국민 육아템'은 필수로 장만해야 한다.

안 그러면 왠지 뒤처진다고 느낀다. 더불어 SNS에 구매 인증은 필수 코스가 되어버렸다. 이때 다른 사람들과 비교하는 마음 때문에 더욱 힘들어진다. 이 세상에 자식에게 좋은 것을 해 주고 싶지 않은 부모는 없다. 하지만 '육아템발'에 빠져 플렉스를 위한 소비를 하면 손해는 내 몫이다. 아이의 발달과 시기에 맞추어 꼭 필요한 육아용품을 골라 소신 있게 구매하는 것이 가장 효율적인 방법이다. 하지만 그것이 잘 안 되는 게 현실이다.

산후조리가 끝나서 집으로 돌아오면 온종일 아이를 돌보며 집안일을 하는 건 엄마의 몫이다. 영아시기에는 밥을 먹을 때도 아이를 안고 먹어야 한다. 화장실 갈 때도 문을 열어 놓고 있을 정도로 한시도 눈을 뗄 수 없다. 거기에 티도 안 난다는 집안일까지, 일은 가중될 수밖에 없다. 남편이 퇴근해서 아이를 함께 돌봐주지 않는다면 퇴근 없는 24시간 '독박 육아'를 하는 것이나 마찬가지다. '엄마는 언제 퇴근해야 할까?' 요즘은 영아 전담 어린이집이 많이 생겼다. 하지만 엄마가 집에 있으면 아이를 보육 기관에 보내는 것을 이해 못 하기도 한다. 아이가 없는 동안 집안일을 하고 휴식할 수 있는 시간이 필요하다. 필요한 에너지 충전 후에 지치지 않고 효율적으로 육아와 살림을 이어 나갈 수 있다.

결혼하면 전업주부가 당연했던 시절이 있었다. 하지만 요즘은 직장생활을 하며 아이를 낳고도 경력 유지를 위해 쉬지 않는 경우가 많다. 특히 전문직이면 더욱 그렇다. 잠시 출산휴가를 갖고 나면 다시 일하는 엄마의 삶이 시작된다. 아이를 부모님께서 돌봐주지 않으면 대부분 보육 기관에 맡기고 일을 한다. 자기 분야에서 커리어를 쌓기 위해 자기 계발도 필수이다. 일과 육아, 살림까지 하려면 엄마의 역할이 너무 많다.

통계청 자료에 따르면 10명 가운데 6명은 '워킹맘'이다. 이중 아내가 가사와 돌봄을 주로 담당한다는 응답은 68.9%로, 절반 이상을 차지했다. 일하는 엄마는 늘었지만 일과 육아의 책임은 줄어들지 않고 있다. 엄마이기 때문에 육아와 살림을 놓을 수 없다. 직장에서는 가중된 책임감으로 경쟁에서 밀려나지 않을까 하는 불안함을 느낀다. 더불어 사회적으로 '완벽한 엄마'의 기대에 대한 부담감과 압박으로 스트레스를 받는다. 아이를 낳았다는 이유로 엄마가 온전히 책임지며 일해야 하는 것은 참으로 불합리하다. 부부가 동등하게 직장생활을 하며 가정 경제를 책임지려면 육아와 집안일도 균형적 배분을 해야 한다. 혼자 모든 것을 책임지려고 하지 말고 남편이나 가족에게 도움을 요청해서 부담을 덜어야 한다.

엄마로 사는 삶은 때때로 매우 힘들고 도전적이다. 경험하는 어려움과 부담은 매우 현실적이며 그것을 인정하고 해결하는 것은 큰 용기가 필요하다. 현재 우리에게 당면한 엄마의 고민에 정답은 없다. 하지만 해답은 누구나 다르게 찾는다. 엄마 역할의 숙명은 평생을 풀어야 할 숙제이고 마음먹기에 따라 상황은 바꿀 수 있다. '마음을 먹는다'라는 말은 어떤 결정을 내리거나 어떤 행동을 취하기 위해 강하게 다짐하고 결심하는 것을 의미한다. 모든 사람은 장단점이 있듯이 자신의 역할에 확신해야 한다. 엄마의 역할을 자랑스럽게 생각하고 아이와 자신을 소중히 하는 마음을 되새겨 보자. 자신을 돌보는 것도 잊지 말아야 한다. 때로는 단순히 쉬는 것, 좋아하는 취미를 즐기는 것, 친구나 가족과 시간을 보내는 것만으로도 큰 차이를 만들 수 있다. 잠시 생각을 멈추고 '내가 진짜로 원하는 게 무엇일까?'라는 물음에 스스로 답해 보자. 길을 잃었을 때는 누군가에게 물어보는 것이 현명한 방법이다. 자신의 상황을 직시하고 생각을 재정비하는 것만으로도 시시때때로 파도처럼 밀려드는 조급한 마음을 극복할 수 있게 해준다.

육아하는 엄마를 위한 라이프 코치의 TIP

1. 개인 시간 확보

자신을 위한 시간을 반드시 마련하고, 그 시간을 즐기자. 취미 활동이나 친구 만나기 등을 통해 스트레스를 해소하는 것이 좋다.

2. 온라인 모임 참여

육아 정보와 조언을 나눌 수 있는 온라인 커뮤니티나 SNS 그룹에 가입 추천. 다른 엄마들과 경험을 공유하면 도움이 된다.

3. 가족과 역할 나누기

육아와 가사일을 정리해서 배우자나 다른 가족과 나누자. 모두가 함께 참여하면 부담이 줄어든다.

2. 워킹맘이 돈을 벌고 싶은 이유

아이를 낳고 나서 워킹맘이 된 계기는 모두 다르지만 일을 하면서 가계에 보탬이 되고 우리 아이를 잘 키우고 싶은 마음은 모두 같다. 조사에 따르면 기혼남녀 10명 중 6명은 맞벌이를 한다. 맞벌이하는 가장 큰 이유는 '경제적 이유' 때문으로 나타났다. 급여보다 물가 상승률이 높아지면서 외벌이로는 자녀를 키우며 집 한 채 장만하기도 쉽지 않은 것이 현실이다. 하지만 이러한 경제적인 이유만으로 내몰리듯 일을 시작하기보다는 자신의 가치와 역할의 중요성을 생각해 볼 필요가 있다.

내가 돈을 벌게 된 현실적인 이유는 첫째로 경제적 독립이었다. 결혼 전에는 지출의 모든 결정은 혼자서 했다. 그러나 결혼 후에 달라졌다. 남편이 일일이 간섭하지 않지만 내가 돈을 벌지 않다 보니 왠지 눈치가 보이는 건 어쩔 수 없는 사실이었다.

친정어머니는 젊은 시절부터 몸이 아주 편찮으셔서 한 달에 보름 이상은 병원에 입원했다. 어렸을 때도 학교를 마치고 병원에 가는 것이 일상이었다. 결혼 후에도 어머니는 자주 입원하셨다. 아버지도 직장에 다녔지만 자식 된 도리로 병원비 부담을 덜어드려야 한다고 생각했다. 첫째를 낳기 전에는 돈을 벌고 있었기 때문에 입원하시면 병원비를 보태드

릴 수 있었다. 그런데 출산 후 남편 혼자 외벌이가 되고 나서는 그렇지 못했다. 남편이 괜찮다고 했지만, 생활비도 빠듯한 상황에서 장모님의 병원비 부담까지 주고 싶지는 않았다.

첫째를 낳고 빨리 구직을 시작한 것도 아이에게 책을 사주고 싶은 마음과 경제적 독립이었다. 눈치 안 보고 친정 부모님을 도와 드리고 싶은 마음도 컸다. 그래서 적성이 아니지만 당장 할 수 있는 일을 시작했다. 힘들었지만 악착같이 노력했다. 그러다 보니 나중에는 천직이 되어버렸다. 세일즈는 내가 한 만큼 성과로 보상받는 정직한 일이었다. 그래서 더 나에게 맞는 일이라고 생각했다. 내가 노력한 만큼 보상이 따라오고 성과에 따라 승진하는 즐거움도 컸다. 일을 시작하고 얼마 후에 완전한 '경제적 독립'을 이룰 수 있었다.

둘째는 자아실현이다. 처음 시작은 아이와 부모님을 위한 일이기도 했지만, 막상 일하다 보니 스스로 성장하고 싶은 욕구가 커졌다. 소심해서 표현도 잘하지 못했던 성격인데 잘하고 싶은 욕심이 생겼다. 내 안에 나도 모르는 승부욕을 발견했다. 일에 집중할수록 '모든 일은 마음먹은 대로 이루어진다'라는 말을 실감했다. 누구의 엄마가 아닌 나 자체로 인정받을 수 있었다. 잘하고 있다는 자부심이 더욱 자신을 성장시켰다. 그래서 18년간 열심히 일하다 보니 평사원으로 입사해서 본부장의 자리까지 올라갈 수 있었다.

셋째는 나의 성장이다. '에듀플래너'라는 사원으로 입사해 매니저인 팀장, 국장으로 승진하면서 사원 교육과 강의를 할 기회가 많아졌다. 처음에는 무대 위에 올라가는 것조차 떨렸다. 몇 년 동안 교안을 수십 번 외우느라 밤을 새웠다. 수없이 연습하고 자주 하다 보니 조금씩 익숙해졌다. 하지만 점점 많은 사람 앞에서 강의하다 보니 스스로 부족한 부분이 느껴졌다. 더욱 책도 많이 읽고 관련 분야에 대한 지식을 확장해야 했다. 아이들과 부모 상담을 하는 일에 전문성을 더하기 위해 야간대학에서 미술 심리 상담사와 아동학을 배웠다. 본부장이 되어서는 본격적인 마케팅 공부로 전환하였다. 꾸준하게 공부하다 보니 현재는 대학원에서 마케팅 MBA 과정 졸업을 앞두고 있다. 당연히 아이를 키우며 공부까지 하는 일은 쉽지 않다. 하지만 자신을 키우는 방법을 찾아야 한다. 힘든 만큼 성장하는 보람을 느낀다.

마지막은 자녀 교육 때문이다. 2022년 사교육비 조사에 따르면 사교육비 총액은 26조 원, 사교육 참여율은 78.3%, 주당 참여 시간은 7.2시간으로 사교육비 총액은 전년 대비 10% 이상 늘었다. 양육비용이 부담될 때 가장 먼저 식비를 줄이지만 추가 소득이 생기면 교육, 보육비를 지출하는 경향이 많다. 우리 아이를 좀 더 좋은 환경에서 공부시키고 싶은 부모 마음은 다 같다. 남편 외벌이로는 점점 불어나는 아이 교육비를 감당하기 쉽지 않은 것이 현실이다. 나도 마찬가지로 첫째 아이에게 책을 사주고 싶어서 일을 시작했다. 당연히 엄마가 벌어서라도 교육비를 보태고 싶은 마음은 모두 같다. 하지만 돈을 버는 목적 자체가 무조건 사교육을 시키기 위함이면 안 된다. 엄마가 경제활동을 하면서 사회적 시야를 확장하는 것이 중요하다. 누군가를 무작정 따라 하는 것이 아니라 다양한 교육 정보 수집으로 우리 아이에게 맞는 육아 방법을 찾는 것이 필요하다.

이 책의 집필을 시작하고 30대, 40대 워킹맘에게 설문을 진행하였다.

"당신이 일과 육아를 병행하는 이유는 무엇입니까?"

각자 상황에 맞는 여러 가지 답변이 있었다. 제일 많은 답변이 '경제력과 자아 성장'이었고 다음이 '자녀 교육'이었다. 내 생각도 마찬가지였다. 일하면 자기 자신을 경제적으로 지원하고 독립적인 결정을 내릴 수 있다. 경제적 독립은 자신감과 성취감을 주고 자기 경력을 유지하고 발전시킨다. 개인적인 성장과 자아실현을 통한 경험과 전문성을 향상시킬 수 있다. 엄마의 일하는 모습은 자녀에게 긍정적인 영향을 주기도 한다. 일하며 자기 계발을 하는 엄마를 본 자녀들은 열심히 노력하고 독립적으로 살아가는 것의 중요성을 배울 수 있다.

물론, 워킹맘이 되어 돈을 벌어야 하는지 아닌지는 개인의 선택과 가정의 상황에 따라 다를 수 있다. 무조건 경제활동을 하는 것이 아니라 무엇이 나의 우선순위인지, 내가 추구하는 가치관은 무엇인지 고려하여 현명한 선택으로 '내가 왜 돈을 벌어야 하는지?'에 대한 해답을 얻을 수 있다.

워킹맘을 위한 라이프 코치의 TIP

1. 경제적 독립과 자아실현의 균형 찾기

일과 가정 사이의 균형을 찾아보자. 경제적 독립과 자아실현을 위해 일하는 것이 중요하지만, 가족과 함께하는 시간도 소중하다.

2. 시간 관리와 우선순위 설정

효율적인 시간 관리로 일과 육아를 잘 조율해야 한다. 일과 가정생활의 경계를 명확히 하고, 필요하면 가족이나 돌보미의 도움을 받는 것도 좋다.

3. 자기 계발과 네트워킹

성장하고 발전하기 위해서는 지속적인 학습과 자기 계발이 필요하다. 관심 있는 분야의 새로운 지식을 습득하거나, 다른 워킹맘들과 네트워킹을 통해 서로 지원하고 아이디어를 나누어 보자.

3. 워킹맘 VS 전업맘

엄마가 일을 시작하는 시기는 언제가 가장 좋을까? 누구나 한 번쯤 고민해 봤을 것이다. 한국 워킹맘 보고서에 따르면 워킹맘의 42%가 일과 양육 사이에서 줄다리기하느라 우울증과 불안감에 시달리고 있다고 한다. 육아가 먼저일까? 일이 먼저일까? 일하는 엄마들은 두 가지 길 앞에서 고민하게 된다. 그러다 보니 늘 어느 것을 선택해도 틀리고 잘못하고 있다는 마음이 든다. 그러나 꼭 둘 중의 하나를 선택할 필요는 없다. 이왕 둘 다 해야 하는 상황이라면 때에 따라 일과 육아의 우선순위를 정하면 되지 않을까? 지금 나에게 필요한 우선순위는 '워킹맘'인가? '전업맘'인가? 육아나 일 중에 어느 것을 중점으로 생각하느냐에 따라 생활 방식이 바뀌기 때문에 스스로 기준을 세워야 한다.

윤희 씨는 '워킹맘'이 되기로 했다. 그녀는 출산 후 10년간 살림과 육아를 하는 전업맘이었지만 다시 일을 시작한 계기가 있었다.

3학년 부모참여 수업을 다녀온 날 저녁에 아들이 그녀에게 물었다.

"엄마는 일 안 해요?"

"왜? 엄마가 일했으면 좋겠어?"

아들이 머뭇거리다가 말을 이어갔다.

"연우가, 오늘 엄마한테 용돈 받아서 자랑하길래."

연우 엄마는 일하는데 연차를 내고 부모참여 수업에 왔었다. 학교에 와서 용돈을 준 모양이었다.

"그래? 그게 부러웠어? 언제는 네가 엄마 일하는 거 싫다며?"

"그건 어릴 때고, 엄마도 일해서 옷도 예쁘게 입고 다니고 용돈도 많이 주면 좋겠어요."

용돈을 주는 친구 엄마가 부러웠단다. 그녀는 아들에게 서운하고 배신감이 들었다. '자식 키워봤자 다 소용없다'라는 어른들의 말이 생각났다. 회사를 그만둔 것이 아이를 위한 일이었고 지금까지 엄마의 역할을 잘하고 있다고 생각했다. 아들은 크고 나니 용돈을 많이 주는 엄마가 좋다고 한다. 그녀는 그동안 아이를 키우며 전업주부로 살아온 세월이 부정당한 기분이었다. 하지만 그렇게 자책하거나 속상해할 필요는 없다. 아이들은 고학년이 되면 엄마보다는 친구들을 더 찾게 된다. 이럴 때는 용돈을 많이 주는 엄마가 좋은 게 당연하다고 인정하면 그만이다.

출산 후 아이를 위해 전업주부로 아이를 키우며 잘 살았다면 이제는 우선순위를 바꾸어야 할 때가 온 것이다. 엄마의 손길이 덜 필요한 시기가 되면 아이들에게 스스로 계획하고 실행할 수 있는 시간과 기회를 주어야 한다. 이때 엄마도 자신의 역량을 개발할 수 있는 쪽에 우선순위를 두는 것이 더 효율적이다. 모든 엄마가 그렇듯 아이를 위해 엄마의 꿈을 잠시 내려놓거나 포기하기도 한다. 하지만 아이가 자라듯이 엄마의 시간도 흐른다. 자신의 성장을 위해서 다시 시작해도 늦지 않다. 그동안 엄마로서 가졌던 열정, 헌신, 능력을 이제는 나를 위해 투자해야 한다.

양미 씨는 15개월 된 아이를 키우는 초보 엄마였다. 대기업의 마케팅 팀에서 일하다가 출산 후 아기를 위해 육아 휴직 중이었다. 아이가 크는 동안 전업맘이 되기로 했다. 아이와 함께 있으면 하루가 어찌나 빠른지, 하루가 어떻게 지나가는지 모를 정도였다. 그녀는 육아에 집중하느라 일을 생각할 새도 없었다. 엄마가 되고 나서 자신이 요리를 좋아하는지 알게 되었다. 아기를 위한 이유식을 만들어 먹일 때면 더욱 뿌듯했다. 예전에는 바빠서 대부분 음식을 배달해서 먹었지만, 이제는 오늘 저녁을 뭘 해먹을 지 즐거운 상상을 했다. 엄마로서도 잘 해내고 싶었다. 하지만 한편으로는 걱정이 되었다. 아이를 키우는 시간 동안 뒤처지지 않을지 하는 마음이었다.

그녀는 아기를 낳고 이제 엄마로서 새로운 시작을 하게 되었다. 아이를 사랑하고 돌보는 동안 많은 것을 배우는 소중한 시간이 될 것이다. 일과 육아 사이에서 균형을 찾기는 쉽지 않다. 하지만 그동안 그녀는 일에서도 뛰어나고 열정이 있었다. 이미 자신의 분야에서 능력을 입증하였다. 이 경험은 나중에 직장으로 돌아갈 때도 큰 도움이 될 것이다. 일은 잠시 멈췄을 뿐, 배운 지식과 경험은 계속 남아있다. 집에서도 충분히 새로운 것을 배우고 관심 있는 것을 탐구할 수 있다. 이 시간이 그녀에게 새로운 관점과 성장의 기회를 줄 것이다. 아이를 위해 전업맘을 선택한 것은 최선이었고 그녀는 이미 훌륭한 엄마다. 모든 것을 완벽하게 하려고 하지 말고, 현실적인 목표를 세워야 한다. 때로는 유연하게 대처하고 자신에게 맞는 역할을 찾는 것이 더 중요하다.

둘 중 어느 것이 먼저인지 다른 사람이 정하거나 판단할 수는 없다.

하지만 자신에게 맞는 시기를 택해 일과 육아 우선순위를 꼭 정해 놓아야 한다. '어떤 일이 생겨도 이것만은 꼭'이라는 나만의 원칙과 기준을 세워 놓으면 일과 육아에서 갈팡질팡하는 일이 적어진다. 부모의 역할은 아이가 독립할 수 있도록 도와주는 것이다. 지금 나의 우선순위가 무엇인지 생각하고 육아와 일의 비율을 정해 아이가 클수록 그 비율을 바꿔가면서 조율해야 한다. 자신만의 기준을 세운다는 것은 자신의 가치, 신념, 우선순위 등을 고려하여 어떤 일을 판단하고 결정하는 것이다. 내가 지금 해야 할 엄마의 역할이 무엇인지 안다면 다른 사람들의 의견이나 사회적 영향에 흔들리지 않고 일과 육아를 잘 병행할 수 있다.

워킹맘과 전업맘을 위한 라이프 코치의 TIP

1. 상황에 맞게 결정하기

지금 내 상황과 가족이 필요로 하는 것이 무엇인지 생각해서 결정하자. 때로는 일이, 때로는 가정이 우선일 수 있다.

2. 완벽을 추구하지 않기

모든 것을 완벽하게 하려 하지 말고 유연하게 대처하자. 가끔은 타협이 필요할 수도 있다.

3. 내 기준 세우기

다른 사람의 생각이나 기대에 휘둘리지 말고 내가 중요하게 생각하는 것에 초점을 맞춰라. 내 선택을 믿고 자신감을 가져보자.

4. 내게 주어진 육아 DNA

나정 씨는 삼 남매를 키우는 워킹맘이다. 그녀는 아이를 키우면서 한시도 일을 쉰 적이 없다. 밝은 모습의 그녀를 만나서 얘기하다 보면 나도 기분이 좋아졌다. 늘 힘든 기색 하나 없는 그녀가 의아해서 물었다.

"나정 씨는 삼 남매 키우는 게 힘들지 않아요? 일도 하는데 어쩜 볼 때마다 밝아요?"

"물론 힘들지요, 하지만 아이들을 보면 기운이 나요"라며 웃어넘겼다.

남들은 한 명을 키우는데도 힘들다고 쩔쩔매는데 아이 셋을 키우면서 일도 잘하는 그녀는 마치 '슈퍼우먼' 같았다. 그녀의 인스타그램을 보면 전업주부도 힘들 것 같은 실험과 놀이를 하면서 주말을 보낸 사진들이 가득했다. 그러고는 주중에는 워킹맘의 모습으로 변한다. 어디서 그런 에너지가 나오는지 신기하기만 했다.

그녀는 남편이 육아를 많이 도와주는 편이라고 했다. 육아와 집안일의 분담은 따로 하지 않아도 시간이 되는 사람이 아이를 픽업하거나 저녁을 하는 등 역할의 구분이 없었다. 그러다 보니 나정 씨도 셋이나 되는 아이들을 나 혼자 키운다고 생각하기보다는 부부가 같이 키운다고 생각해서 그다지 힘들어하지 않았다. 물론, 그녀는 아이를 좋아하는 성향도 있다. 부부가 함께 육아와 집안일을 하다 보니 스트레스를 덜 받았다. 서로의 힘듦을 알아주고 위로하는 부부의 모습이 참 좋아 보였다. 그녀는 육아가 체질이라는 생각밖에 안 들었다. 때로는 지치고 힘들지만 긍정적인 에너지로 극복하는 그녀의 모습이 참 멋져 보였다.

나는 나정 씨와 정반대의 사람이었다. 육아보다는 일이 체질인 사람인 것 같았다. 첫째가 8개월이 된 무렵부터 일을 시작해서 20살이 된 지금까지 한시도 쉬지 않았다. 물론 아이를 키우는 것은 보육 기관의 도움을 받았다. 처음에는 돈을 벌어 책 육아를 하고 싶어서 일을 시작했다. 가정 경제에 보탬이 되어보려는 생각도 있었다. 하지만 일을 할수록 자아실현의 욕구가 강해졌다. 아이를 어린이집에 보내고 나서 일을 하는 것이 즐거웠다. 하루하루 배우고 익히는 즐거움에 퇴근 시간이 되면 왠지 아쉬웠다. 주말에도 아이와 함께 출근해서 일하는 모습에 주위에서 그만 들어가서 쉬라면서 말릴 정도였다. 마치 일에 집중하는 모습이 경주마 같다고 했다. 일하는 동안에는 누구의 아내도, 엄마도, 며느리도 아닌 오롯이 나인 게 좋았다. 일하면서 배운 육아 정보로 아이를 키우는 것도 많은 도움이 되었다. 둘째를 낳고도 40일 만에 복직하였다. 남들이 너무 이른 거 아니냐며 걱정했지만, 집보다는 사무실에 나와서 쉬는 걸 택하였다.

아이 둘을 키우고 엄마의 역할을 하면서 일도 놓지 않았던 이유가 있다. 일과 육아에 대한 나의 마음가짐이었다. 언제나 즐겁게 일하고 기쁜 마음으로 아이를 맞이하려고 노력했다. 아이들이 유치원에 다녀와서 저녁을 먹고 나면 함께 책을 읽었다. 긴 시간이 아니더라도 30분 정도면 아이와 충분히 정서적 교감을 나눌 수 있었다. 애착 형성은 오래 같이 있다고 해서 잘 되는 것이 아니었다. 종일 함께 있으면 잔소리하고 혼내는 횟

수가 더 많았다.

엄마의 성향은 누구나 다를 수 있다. 육아와 살림을 즐기며 하는 사람, 일이 즐겁고 육아는 어려운 사람이 있다. 본인이 무엇을 할 때 즐거운지, 어떤 일을 할 때 행복한지 생각해 봐야 한다.

내가 육아 체질이라면 아이를 키우는 과정에서 더 적은 스트레스를 받고 잘 적응한다. 아이와의 교감과 상호작용으로 감정을 이해하고 공감한다. 엄마가 아이의 성장과 개성을 중시하며, 아이 스스로 감정과 재능을 자유롭게 탐색하도록 도와준다. 이러한 환경은 아이의 자신감과 창의력을 키울 수 있도록 해준다.

일이 체질이라면 엄마는 자신의 업무와 자녀 양육에 대한 책임을 동시에 지니게 된다. 그러다 보니 좀 더 체계적이고 계획적인 육아 방식을 선호한다. 일하는 시간 동안 아이와 함께 할 수 없는 부분을 늘 고민 한다. 대신 짧은 시간이라도 아이와 함께하는 시간을 잘 보내야 한다. 아이와 함께 책 읽기, 놀이하기, 산책하기 등 언제라도 할 수 있는 활동을 통해 효율적인 시간을 보내는 것이 좋다. 일 중심인 엄마의 접근 방식은 아이에게 목표 지향적이고 체계적인 사고방식을 심어준다. 자기관리와 시간 관리 능력을 강화해 스스로 할 기회를 준다. 이러한 방식은 아이가 학습과 생활에서 높은 성취를 이루는 데 도움을 줄 수 있지만, 아이의 개성과 감정적 필요도 함께 고려해야 한다.

육아는 각 아이의 성격과 발달 수준에 맞게 다양한 방식으로 이루어져야 한다. 자신과 자녀를 더 잘 이해하게 되면 보다 효과적으로 육아를 할 수 있다. 엄마와 아이의 개성, 성향에 따라 육아 방법을 조정해야 한다. 가장 중요한 것은 어떤 방식이든 부모와 자녀 관계를 긍정적으로 형성하고, 아이의 성장과 발달을 적극적으로 지원하는 것이다.

육아 스타일에 따른 라이프 코치의 TIP

1. 자신의 스타일 찾기

당신이 일 중심인지, 육아 중심인지 알아보고 그에 맞는 육아 방식을 선택한다.

2. 효율적인 시간 보내기

아이와 보내는 시간을 양보다 질에 중점을 두어 함께하는 시간을 의미 있게 만들어 보자.

3. 가족과 함께하기

육아는 혼자의 몫이 아니다. 가족과 역할을 나누어 서로를 지원하는 습관을 갖자.

5. "네가 얼마나 번다고? 애나 잘 키우지."

처음 일을 시작할 때는 육아를 잘하고 싶은 마음이 컸다. 몇 달을 하다 보니 아이도 잘 키우고 일도 잘하고 싶은 욕심이 생겼다. 그런데 시댁에서 알게 되어 심하게 반대했다.

"아이나 잘 키우지! 뭐 하러 일을 나가니? 얼마나 번다고, 그 돈 줄 테니 집에 있어라."

내게 직접 얘기는 못 하고 남편을 불러다 혼을 내면서 못 나가게 하라고 했다. 다행히 남편은 내 편이었다. 출근하면서 점점 밝아지는 나의 모습을 보면서 그걸로 충분해 했다.

"우리 일은 우리가 알아서 할 테니 걱정하지 마세요."

이렇게 얘기해 줘서 정말 고마웠다.

결혼은 두 사람의 결합이기 이전에 서로 다른 두 집안이 한 가족이 되는 것이다. 서로 다른 가치관과 문화를 가지고 살던 사람이 만나면 당연히 많이 부딪힐 때가 많다. 생각이 다른 건 당연한 일이었다. 시댁에서는 첫 손주다 보니 아이를 데리고 일하는 것이 힘들까 봐 걱정했다. 집에서 손주나 잘 키웠으면 했다.

어른들이 생각하는 전통적인 역할 분담은 아버지는 주로 경제적인 역할을 맡고, 어머니는 가정과 양육에 전념하는 것이다. 일하면 아이를 돌보는 시간이 적어지면서 엄마의 역할이 소홀해진다고 생각할 수 있다. 하지만 나는 아이도 잘 키우고 싶은 마음에 일을 시작한 터라 시댁의 반대를 무릅쓰고 일을 계속했다. 일을 시작하고 첫 월급을 받고 봉투에 10만 원을 넣어서 준비했다. 내 편이 되어준 사람에게 첫 용돈을 주고 싶었다. 큰돈도 아닌데 그걸 받은 남편이 아이처럼 너무 좋아했다. 내가 임신으로 일을 그만두고 혼자 무거운 가장의 역할을 맡은 남편의 마음을 작게나마 위로해 주고 싶었다.

아이와 함께 일하느라 급여가 많지 않았지만, 월급날이면 이벤트로 남편과 둘이 치맥을 먹었다. 어느새 나보다 남편이 내 월급날을 기다렸다. '소확행'이라는 말은 '소소하지만 확실한 행복'이라는 뜻이다. 일상에서 느끼는 행복한 시간, 한 달에 한 번 치맥이 우리 부부에겐 그런 것이었다. 한 달간 치열하게 일하고 보상받는 날, '수고했어'라고 서로에게 위로가 되어주었다. 시원한 맥주 한잔으로 다시 새로운 한 달을 시작할 수 있었다.

남편과 만났을 때가 문득 생각났다. 처음부터 운명이라고 생각하진 않았다. 소개팅으로 만났는데 첫 만남에 공원을 두세 시간을 걸으면서 대화할 수 있는 사람이라서 좋았다. 어떤 얘기를 했는지는 기억나지 않지만, 서로의 이야기를 들어주고 맞장구쳐 주었다. 그렇게 4년이라는 연애 기간이 지나 결혼했다. 출산 후 나도 일을 시작해서 퇴근 후 맥주 한잔을 함께하는 사이가 되었다.

배우자의 위로만큼 서로에게 큰 힘이 되는 것은 없다. 서로의 편이 되어 이해해 주고 공감해 주어야 한다. 그 시작은 대화가 좋은 방법이다. 하지만 대화도 습관이듯이 몇 년씩 서로 이야기하지 않던 부부들에게 너무 어려운 숙제일지도 모른다. 처음부터 시작하기 힘들다면 일주일에 한번, 10분 만이라도 함께하는 시간을 정해 보자. 함께 이야기할 수 있는 곳이면 어디든 좋다. 대화를 통한 작은 관심의 시작이 언젠가는 큰 나무로 자라서 서로에게 그늘과 그루터기가 되어준다.

시댁과의 갈등 때문에 괴로워하다가 결국 이혼하는 부부들이 종종 있다. 그때 남편들의 적극적이고 단호하지 못한 자세가 아쉬울 때가 많다. 남편들은 시댁과의 관계에서 아내의 눈치를 보다가 결국, 아내의 희생과 양보를 요구하게 된다. 고부가 갈등 관계에 있으면, 남편들은 대체로 회피 전략을 사용한다. 직접 개입하기보다는 뒤로 물러서서 사태를 수습하려고 한다. 이것은 오히려 상황을 악화시킨다. 결혼은 부부가 독립적으로 가정을 이루는 것이다. 문제가 생기면 혼자일 때와 다른 해결 방법이 필요하다. 이때 남편들은 아내의 편에서 적극적이고 단호한 의사 표현을 해야 한다. 물론, 시댁에서는 처음에 서운해할 수 있지만 출가한 자녀를 위한다면 언젠가는 받아들이게 된다. 힘들고 어떠한 어려움이 닥쳐도 단 한 사람의 내 편이 생기면 세상은 충분히 행복하다.

육아와 일, 가족 간의 갈등을 위한 라이프 코치의 TIP

1. 배우자와 대화하기

남편이나 아내와 정기적으로 대화하며 서로의 생각과 감정을 공유하자.

2. 자신의 선택 믿기

자신이 선택한 육아와 일에 대한 균형의 확신을 가지고 남의 시선에 흔들리지 말자.

3. 남편의 적극적인 지지

가족 간의 문제가 생길 때 남편이 적극적으로 문제를 해결하는 데 참여하면 많은 도움이 된다.

6. 역할 분담의 의미

연주 씨는 워킹맘이다. 퇴근하면 잠시 쉴 틈도 없이 저녁을 한다. 아이를 먹이고, 씻기고, 재우고 나면 어느새 하루가 다 지나갔다. 그녀의 남편은 공무원이라 정시퇴근했다. 퇴근 후 저녁을 먹고 나면 매일 헬스장을 갔다. 남편이 운동하러 가면 집안일과 육아는 모두 엄마의 몫이었다. 그녀는 퇴근 후 끝이 없는 집안일과 육아에 매우 지쳐 있었다. 단순히 육체적인 부분 때문에 힘든 것은 아니었다. 혼자 애쓰고 있는데 그걸 당연하게 생각하는 남편에 대한 원망과 도와주지 않는 섭섭함이 더욱 컸다.

조사에 따르면 맞벌이 기혼여성의 가사 분담률이 남성보다 3배 이상 더 높다고 한다. 남성 응답자에게 집안일은 주로 누가 더 많이 하는지 물었을 때 배우자는 65.0%, 본인은 27.9%라고 응답했다. 여성 응답자들은 배우자보다 더 많이 가사노동을 한다고 응답한 비율이 77.3%였다. 가사 분담 불균형으로 생기는 스트레스는 남성은 29.3%가 여성은 64.2%가 스트레스를 받고 있다.

연주 씨도 마찬가지였다. 어쩌다가 야근이라도 있는 날이면 남편에게 아이를 부탁했다.

"여보 미안한데… 나 오늘 야근이라서 아이 하원하고 저녁 좀 당신이 챙겨줘요."

일뿐 아니라 집안일과 육아가 당연히 엄마의 몫이라고 생각했다. 남편에게 부탁하는 것조차 미안한 마음이 들었다. 하지만 육아는 부부공동 책임이다. 엄마가 시간적 여유가 안 되면 아빠로서 당연히 해야 할 몫이다. 먼저 그녀에게 필요한 것은 '사고의 전환'이었다. 애써 미안한 마음을 가질 필요는 없다. 남편은 야근하면서 미안한 마음을 갖지는 않을 것이다. 집안일은 '함께 나누어서 해야 하는 일'이라고 생각하면 합리적으로 해결할 수 있다. 집안일과 육아를 구체적으로 나누어 분담하는 습관을 지녀야 한다. 아이 데려오기, 저녁 준비, 아이 씻기고 재우기, 집 안 청소, 등을 누가 맡을 것인지 역할 분담을 해야 한다. 이러한 습관은 단순한 일상의 일 처리를 넘어서 각자의 위치를 명확히 하며 일상의 안정감을 높여 준다.

부부가 역할을 분담함으로써 가장 큰 이점은 '시간의 효율성'이다. 자신의 강점과 관심사에 맞는 업무를 맡게 되면 일을 더 빠르고 효과적으로 처리할 수 있다. 이는 마치 오케스트라에서 각자의 악기를 연주하는 것과 같다. 하나의 멜로디를 완성하는 데 서로 중요한 역할을 한다. 더불어 부부 사이에서 발생하는 스트레스와 부담도 줄일 수 있다. 세상에는 '혼자서는 할 수 없는 일'이 많다. 그중에는 집안일, 아이들의 교육, 경제적 부담 등 다양한 일들이 있다. 이런 부담을 서로 나눠 갖게 되면 하나의 큰 산처럼 느껴지던 것이 작은 언덕처럼 변할 수 있다.

하지만 아빠도 연습할 시간이 필요하다. 내 남편도 그랬다. 일찍 출근해서 늦게 퇴근하다 보니 아이 얼굴을 볼 새가 없었다. 주말에 피곤해서 잠들면 아이와 나는 조용히 자리를 피해주었다. 아이를 마주하는 시간이 일주일에 몇 시간이 안 되었다. 아이는 아빠가 낯설어 얼굴만 보면 울었다. 남편은 딸이 자기만 보면 우니까 너무 속상해했다. 그래서 생각한 방법이 내가 없이 둘이 놀 수 있게 해 주는 것이었다. 나는 주말에 바쁘다는 핑계로 일부러 출근했다. 남편은 처음에는 아이하고 둘이 있는 게 어색하기도 하고 어떻게 놀아줘야 하는지 몰라서 힘들어했다. 엄마를 찾는다면서 10분에 한 번씩 전화했다. 차라리 집에서 내가 아기를 돌보는 게 쉬웠다. 바로 집으로 가고 싶었지만 서두르지 않고 꾹 참고 기다렸다. 매주 반복해서 아이와 아빠가 함께하는 시간을 조금씩 늘려갔다. 남편도 아이를 위해 노력하고 요령도 생겼다. 내가 나가면 아이가 가장 좋아하는 책을 읽어줬다. 처음에는 책 읽는 것이 어색해서 더듬더듬 읽어주었는데 나중에는 구연동화를 할 정도로 잘 읽었다. 날씨가 좋으면 놀이터에 나가서 놀기도 했다. 아빠와 노는 즐거움을 알아가기 시작했다. 시간이 지나면서 아이와 애착이 쌓여 아빠를 좋아하고 잘 안겼다. 남편도 꽤 뿌듯해하고 좋아하는 눈치였다. 어느 날부터인가 저녁 늦게까지 엄마를 찾지 않았다. 왠지 주말 육아에서 해방된 것 같아서 기분이 좋았다. 둘이 주말마다 즐겁고 좋은 추억을 만들어 주었다.

아이들은 부모와의 긍정적인 상호작용을 통해 자신감을 느끼고 더욱 적극적으로 세상과 소통할 수 있다. 특히, 아빠와 함께 시간을 보내며 놀이하면 아이와 아빠 사이의 정서적 유대감이 강화된다. 이러한 유대감은 아이의 정서적 안정감을 높이고 자존감을 키우는 데 도움이 된다. 이 세상의 어떤 아빠도 가족을 위해 시간을 내어주는 것이 아까운 사람은 없다. 다만, 어떻게 하는지 방법을 잘 모르기 때문이다. 그래서 가사 분담과 육아 항목을 정리해서 서로 할 수 있을 만큼 정해서 나누고 육아 방법을 알려주어야 한다. 서로의 부담을 줄이면 내가 더 많이 일하고 힘든 것 같은 '억울함'과 '섭섭함'이 줄어든다.

서로의 역할을 인정하고 존중하는 과정에서 두 사람 사이의 신뢰와 사랑은 더 깊어진다. 또한, 아이들에게도 좋은 정서적 영향을 준다. 이러한 모습을 보며 자라는 아이들은 인간관계에서 협력과 존중의 중요성을 배우게 된다. 결국, 부부의 역할 분담은 단순한 '일의 분배'를 넘어서 서로를 위한 배려와 마음의 표현이다. 이것은 우리가 함께하는 일상에서 서로를 더욱 소중히 여기며 가족의 행복을 위해 나아가는 길이자 방법이다.

역할 분담을 위한 라이프 코치의 TIP

1. 역할 분담 협의하기

가정 내 역할을 명확히 나누기 위해 배우자와 함께 앉아서 각자의 책임과 할 일을 구체적으로 정하자. 이때 서로의 기대와 필요를 솔직히 공유하는 것이 중요하다.

2. 육아는 공동 책임

육아와 집안일은 두 사람의 공동 책임임을 인식하고 모든 일을 혼자서 해결하려 하지 말자. 남편과 협력하여 아이 돌보기, 집안일 등을 함께 분담한다.

3. 서로 격려하고 인정하기

역할 분담이 잘 이루어지면 서로의 노력을 인정하자. 긍정적인 분위기와 고마운 마음을 키울 수 있다.

7. 미안해하지 않아도 괜찮아

엄마가 일하는 아이들은 초등학생이 되면 집이나 놀이터에서 혼자 노는 경우가 종종 있다. 나도 일하는 시간을 조금씩 늘리다 보니 퇴근이 늦어졌다. 아이들은 가끔 심심하면 놀이터에 나가서 놀기도 했다. 그런 모습을 보며 동네 엄마들이 이렇게 한마디씩 했다.

"엄마 없이 아이들만 노는 게 불쌍해요."

워킹맘이 많이 듣는 말이 '아이를 방치하는 것이 아니냐?'라는 말이었다. 그럴 때면 나도 '내가 무슨 부귀영화를 누리겠다고, 회사를 그만두어야 하나?'라는 생각이 들었다. 그러나 그렇게 자책할 필요 없었다. 현재 상황을 바꿀 수 없다면, 생각의 전환이 필요했다. 아이들이 놀이터에 가고 싶어 하는 건 당연한 일이었다. 하지만 매일 놀이터에 함께 나와서 놀아주는 것만이 최고의 엄마 역할이라고 할 수 없었다. 당장 그렇게 할 상황도 안 되었다. 대신 아이와 상의해서 평일에는 집안에서 책을 읽거나 그림을 그리며 놀았다. 주말에 함께 놀이터에 나와서 놀기로 약속을 했다. 그러다 보니 오히려 기다림을 배우고 인내하는 좋은 습관이 되었다.

요즘은 혼자서 스스로 할 수 있을 나이인데도 아이들에게 기회를 잘 주지 않는다. 아이들의 주변을 맴돌면서 과잉보호하는 엄마를 가리키는 말로 한때 '헬리콥터 맘'이라는 말이 유행한 적도 있다. 『탈무드』에 "물고기를 주지 말고 물고기 잡는 법을 가르쳐라"라는 말이 있다. 어렸을 때부터 사소한 것도 부모에게 의지하며 자란 아이들은 혼자는 아무것도 하지 못한다. 갑작스러운 상황에서는 더욱 그렇다. 이때 아이들에게 혼자 시간을 어떻게 보내고, 위험한 상황이 생기면 어떻게 대처하는지 대화나 책을 통해서 미리 알려줘야 한다.

한 방송에서 범죄 심리학자 표창원이 딸을 교육한 방법을 얘기한 적이 있다. 표창원은 연쇄살인범에게 실제로 협박당한 경험이 있었다. 출소하면 제일 먼저 표창원의 가족을 해치겠다고 했다. 그래서 표창원은 평소 딸에게 대화할 때마다 당부했다. '낯선 사람에게 절대 문을 열어주면 안 된다'라는 것이었다. 어느 날 딸이 혼자 있을 때 어떤 남자가 집에 찾아왔다. 엄마가 주문한 물건을 배달 왔으니 문을 열어달라고 했다. 딸은 문 앞에 두고 가라고 했다. 남자는 꼭 직접 전달해야 한다고 하면서 집 앞에 서성였다. 결국, 딸은 경찰서에 연락할 테니 경찰이랑 같이 들어오라고 하면서 문을 열어주지 않았다. 그러자 남자가 자리를 떠나서 위험한 상황을 넘겼다고 한다.

또한, 책을 통해 간접적으로 경험한 아이들은 비슷한 상황이 생겼을 때 기억을 되살려 행동을 따라 한다. 과거에 경험했던 것을 회상해서 그 경험을 재현하는 능력을 '지연 모방'이라고 한다. 그래서 직접 해보지 않고도 머릿속으로 사고하는 것이 가능해진다. 늘 함께 있어 주지 못하는 미안한 마음을 대신 대화나 책을 통해 이해력과 상황 판단 능력을 키워주자. 아이들은 다급한 상황이 생겼을 때 대처할 방법을 미리 알려주는 것만으로도 문제 해결력을 키울 수 있다. 혼자 있다고 안쓰러워할 필요는 없다. 아이들이 스스로 자랄 수 있는 시간을 주는 것이다. 아이를 위해 다해 주고 싶지만 느낌이나 감정까지 대신 해줄 수 없다. 스스로 홀로 설 기회를 주어야 한다. 스스로 계획해서 문제를 해결하고 이끌어 나가는 능력을 키우는 것을 '자기 주도'라고 한다. 자기 주도를 잘하는 아이로 키우려면 하루를 어떻게 보낼지 계획부터 시작하면 좋다. 하루의 일과표를 작성해서 계획을 세울 수 있도록 하자. 이때 부모는 아이들에게 목표를 설정하는 방법과 계획을 세우는 방법을 함께 가르쳐 주어야 한다.

우선, 해야 할 목표를 세우고 일과를 적는다. 그리고 체크박스를 만들어 보자. 기상, 아침 식사, 등교, 하교, 취침 시간 등 일과를 적는다. 그리고 하루에 할 일과 학습할 양을 정한다. 마지막으로는 오늘의 과제나 학습이 끝나면 하고 싶은 것을 꼭 정한다. TV 보기, 음악 듣기, 게임, 춤추기 등 무엇이든 좋다. 이 마지막 과정이 동기부여다. 이렇게 하루의 계획을 미리 정해 두면 아이는 엄마가 없을 때 무얼 해야 할지 몰라서 '엄마 나 뭐해?'라며 물어보지 않는다.

〈 OO의 주간학습 계획표 〉

	월		화		수		목		금		토
	오늘할일	확인	오늘할일	확인	오늘할일	확인	오늘할일	확인	오늘할일	확인	
아침	기상(8시)										
	세수, 양치하기										
	아침식사										주간 밀린 학습 하기
	등 교										
점심	하 교										
오늘할일	학교 숙제		학교 숙제		학교 숙제		학교 숙제		학교 숙제		
	책3권 읽기		책3권 읽기		책3권 읽기		책3권 읽기		책3권 읽기		
	영어책 1권		영어책 1권		영어책 1권		영어책 1권		영어책 1권		
	수학학습 2장		수학학습 2장		수학학습 2장		수학학습 2장		수학학습 2장		
	연산 1장		연산 1장		연산 1장		연산 1장		연산 1장		
			한자 연습장				한자 연습장				
하고 싶은 것	TV보기		게임 하기		음악듣기		유튜브 보기		클레이 하기		
저녁	저녁 식사										
	취침 준비										
	취침(10시)										

계획은 부모와 함께 세우고 실행한 후 확인은 꼭 스스로 체크하게 한다. 본인 스스로 세운 계획을 실천하면 하나씩 해낼 때마다 뿌듯함을 느끼게 된다. 오늘 할 일을 다 하고 나면, 자신이 좋아하는 것을 할 수 있다고 생각하면서 그 과정을 즐기게 된다. 이것으로 작은 성공의 습관을 만들 수 있다. 엄마도 집에 없는 시간에 아이들이 무얼 하고 있을지 예측할 수 있으므로 불안한 마음이 덜하다.

자기가 오늘 할 일을 아는 것과 시키는 것만 하는 아이는 다른 미래를 그리게 된다. 만약 오늘 할 일을 다 못했더라도 너무 질책하지 말고 오늘은 무슨 일이 있어서 못 했는지 물어보자. 이유가 있다면 내일은 지킬 수 있도록 격려하고 믿어주자. 내일은 분명히 더 잘할 수 있다. 살아가면서 실패는 피할 수 없는 일이다. 실패를 겸허히 받아들이는 자세와 이를 통해 배우는 교훈을 깨우쳐 주어야 한다. 이런 경험들이 모이면 자기 주도적인 아이로 자라게 된다.

시키는 대로만 해온 아이들은 혼자일 때 무언가를 해본 경험이 없다 보니 방법을 몰라서 방황할 수 있다. 심리적으로 위축되어 흥미를 잃어버리기 쉽다. 스스로 문제 해결 능력을 강화하기 위해, 해결 과정에서 도움을 주지 않고, 아이들이 스스로 할 수 있도록 도와야 한다. 부모가 안쓰러워서 먼저 해 주지 말고 스스로 할 때까지 기다려 주어야 한다. 독립적인 아이로 클 수 있는 용기를 심어주고 든든한 지원자가 되어주는 것이 부모의 역할이다.

자기 주도적으로 키우기 위한 라이프 코치의 TIP

1. 계획 세우기

아이들과 함께 일과 계획을 세워서 스스로 시간을 관리하고 책임을 질 수 있도록 한다. 아이의 책임감과 자립심을 키우는 방법이다.

2. 자율성 존중하기

아이들이 스스로 문제를 해결하고 선택할 수 있도록 기회를 준다. 작은 성공을 통해 뿌듯함을 느끼게 하고, 실패에서도 교훈을 찾을 수 있다.

3. 긍정적인 피드백 제공

아이가 스스로 계획을 세우고 실행할 때 긍정적인 피드백을 해준다. 이는 아이가 자신감을 가지고 도전하는 데 큰 도움이 된다.

제3부
'일하는 엄마'가 되다

1. '엄마의 가면'을 쓰다

나는 어린 시절부터 내성적인 성격으로, 요즘 유행하는 MBTI에서 극 I에 해당했다. 평소에 부끄러움을 많이 타서 속마음을 잘 표현하지 못했다. 어릴 적 살던 곳은 논과 밭으로 이루어진 시골이라 버스에서 내려 30분 정도를 걸어서 들어갔다. 혹시라도 택시를 탈 때면 비포장도로가 많아서 기사님들은 대놓고 싫은 기색을 보였다. 좁고 울퉁불퉁한 도로가 시작될 무렵에 "어디까지 더 들어가요?" 하고 기사님이 물었다. 죄송한 마음에 집 앞까지 가달라고 말하지 못하고 중간에 내려서 걸어갔다. 왜 택시를 탄 건지 스스로 답답했다.

집에서도 마찬가지였다. 나랑 반대로 어머니는 여장부 같은 성격이었다. 무슨 일이든 척척 해내고 손도 컸다. 음식을 많이 해서 나눠 주느라 집에 늘 손님이 북적북적했다. 호탕한 어머니의 소심한 딸, 내게 뭘 물어보기라도 하면 늘 우물쭈물했다. 그러니 내가 얼마나 답답했을까? 평소 말대꾸 한 번 못 하고 속으로 삼켰다. 고등학교 때 "나 오늘 엄마랑 싸웠잖아" 하고 얘기하는 친구들이 이해가 안 됐다. 엄마에게 큰소리를 낸다는 것조차 상상할 수 없었기 때문이었다.

그렇게 소심한 내가 유일하게 하고 싶었던 것이 미술 공부였다. 어머니는 속마음도 잘 표현하지 못했던 딸이 갑자기 미술 학원에 보내 달라고 하니 의아해했다. 평소 손으로 만드는 공예에 관심이 있었다. 방학 과제로 만들기 상을 받은 후로 미술 과목을 더욱 좋아하게 되었다. 미술대학에 진학해서 디자인 전공을 목표로 잡았다. 하지만 부모님은 미술 공부는 경제적 부담도 크고 전망도 그리 좋지 않다는 이유로 반대하였다. 하지만 이번에는 순순히 받아들여서 꿈을 포기하고 싶지 않았다. 몇 달 동안 뜻을 굽히지 않고 열심히 할 테니 미술 학원에 보내 달라고 고집을 피우며 졸랐다. 부모님은 처음 보는 나의 모습에 놀라며 몇 달간 실랑이 끝에 못 이기는 척 허락해 주었다. 너무 기쁜 마음에 성취감까지 들었다. 부모님의 허락으로 학원에 다니면서 그림도, 공부도 열심히 해서 미술대학에 진학했다.

태어나서 처음으로 하고 싶은 게 생겨서 용기를 냈다. 무엇이든 끝까지 포기하지 않으면 이루어진다는 것을 깨달았다. 그 후로 속으로만 감춰왔던 마음을 꺼내 표현하기 시작했다. 소심한 성격이라 누군가 말만 걸어도 초조하고 불안해했다. 자신감과 용기를 내어 새로운 사람을 만나고 다양한 경험을 하려고 노력했다. 익숙함이 생기니 불안한 감정이 줄어들고 마음이 여유로워졌다. 나에게는 낯선 감정이었다. 내 안에서 무엇인가 스스로 변하고 있는 기분이었다.

어느덧 결혼하고 엄마가 되었다. 아이가 나의 소심한 성격을 닮을까 봐 걱정되었다. 나처럼 자신없고 소심한 사람으로 키우고 싶지는 않았다. 그래서 다시 굳은 결심을 하였다.

"나부터 자신감을 갖자! 딸은 자기의 생각을 분명하게 표현하는 사람으로 키우자!"

늘 내성적인 성격이었는데 아이를 낳고 다시 용기가 생겼다.

사람의 내면에는 페르소나가 존재한다. 누구나 사회적 가면을 쓰고 살아가는데 그것을 가면을 쓴 인격인 '페르소나' 또는 '콘셉트'라고 한다. 새로운 페르소나를 통해 자신이 꿈꾸는 모습이나 아이덴티티를 구현하고 싶어 한다. 이것은 자신의 능력이나 역량을 발견하고 새로운 경험을 통한 성장을 추구하고 싶은 마음이다. 나는 새로운 페르소나인 '엄마의 가면'을 써보기로 마음먹었다. 아이를 방패 삼아 '밝고 활발한 사람인 척해 보자'라고 결심했다.

우선 자신감 있는 엄마가 되고 싶었다. 소심한 내가 북 세일즈에 도전하였다. 내 성격을 잘 아는 사람들은 "네가 어떻게 책을 팔아?"라며 안 믿었다. 얼마나 버티겠냐며 기대하지도 않았다. 하지만 누구보다도 이를 악물고 열심히 노력했다. 예상외로 입사 8개월 만에 팀장으로 승진했다. 걱정하시던 주위 분들은 놀라는 눈치였지만 응원해 주었다. 자신감 있는 '엄마의 가면' 덕분에 전문가다운 세일즈 워킹맘으로 성장했다.

그뿐 아니라 일상에서 작은 것부터 하나씩 바꿔보려고 노력했다. 예전에는 엘리베이터를 타면 멀뚱거리거나 핸드폰을 보았는데 이제는 마주치는 주민들에게 인사를 했다. "안녕하세요?" 하면 상대방도 "안녕하세요?"라고 웃으며 인사를 받아주었다. 처음에는 사람의 눈을 마주 보는 것도 실례라고 생각했다. 자꾸 인사를 하다 보니 어느 순간부터는 눈맞춤과 인사가 익숙해졌다. 여러 번 마주치는 주민들에게는 안부를 묻기도 했다. 그런 모습을 옆에서 본 딸도 따라서 인사를 잘했다. 경비 아저씨에게 인사 잘하는 꼬마라고 늘 칭찬을 받았다. 이제는 언제 어디서나 처음 만나는 사람에게도 내가 항상 인사를 먼저 건네는 사람이 되었다. 그래서 모두 나를 밝고 에너지 넘치는 사람이라고 생각한다.

아이의 유치원에서 부모 참여 수업이 있는 날이었다. 교실 뒤에서 한참 수업을 지켜보고 있었다. 갑자기 선생님께서 부모들에게 질문했다 "이 문제 함께 풀어보실 분 계세요?" 순간, 딸은 뒤돌아서 나를 쳐다봤다. 나도 모르게 "저요!" 하면서 손을 번쩍 들었다. 내가 발표를 하다니 학창 시절에는 상상할 수도 없는 일이었다. 발표가 끝나자 딸은 나를 보고 방긋 웃으며 좋아했다. 떨리긴 했지만, 아이의 반응에 나도 기분이 좋고 뿌듯했다.

소심하지만 밝고 외향적으로 보이고 싶어서 '엄마의 가면'을 기꺼이 썼다. 엄마가 되면서 '자신감 있는 엄마의 페르소나'로 밝고 오지랖 넓은 나의 모습을 찾을 수 있었다. 나조차 몰랐던 내면 깊은 곳에 감춰 있던 외향적 성향이 점점 드러나기 시작했다. 자신감 있고 여유 있게 행동하다 보니 딸은 물론이고 정말 나조차 그렇게 믿게 되었다. 딸은 학교에서 친구들도 많고 항상 리더의 역할을 한다. 가끔 "너는 누구 닮아서 이렇게 오지랖이 넓어?"라고 내가 물으면 "누굴 닮았겠어. 친구들이 엄마하고 똑 닮았다고 하던데"라면서 웃었다.

사람들은 자신의 인생에서 새로운 단계나 변화를 겪을 때 새로운 페르소나를 통해 자신을 재발견하고, 자기 잠재력을 최대화하려고 노력한다. 누구라도 자기 내면을 들여다보면 자기 모습에 아쉬워하는 마음을 늘 가지고 있다. 지금 변화하고 싶다면 현재 필요한 나만의 가면을 떠올려 보자. 그 가면은 전혀 새로운 것이 아니다. 나를 힘들게 할 가면이어도 안 된다. 지금 나에게 필요한 용기의 가면이어야 한다.

'나는 어떤 사람이 되고 싶은가?' 내 마음속 한구석에 있는 '또 다른 나의 자아'를 찾아보자. 어떠한 힘든 상황도 헤쳐나갈 수 있는 용기가 생긴다. 그 모습이 아직 발견하지 못한 바로 내 모습이다. 중요한 것은 자신이 원하는 페르소나가 진정한 자신을 반영하고, 자신의 정체성과 가치를 존중하며 긍정적으로 발전해 나가는 것이다.

내 안의 숨겨진 페르소나를 찾기 위한 라이프코치의 TIP

1. 나를 알아보기

자신에 대해 깊이 생각해 보자. 내가 좋아하는 것, 잘하는 것, 중요하게 여기는 가치는 무엇인지 알아보는 시간을 가져본다.

2. 새로운 것 시도하기

평소에 하지 않던 새로운 활동에 참여해 보자. 새로운 취미를 경험하면서 자신이 어떤 상황에서 어떻게 반응하는지 알아보고, 자신의 새로운 면모를 발견할 수 있다.

3. 다른 사람의 말에 귀 기울이기

친구나 가족으로부터 자신에 대한 피드백을 들어보자. 그들이 어떻게 생각하는지, 나에 대해 어떤 점을 좋아하는지 알아보는 것도 자신을 이해하는 데 도움이 된다.

2. 내 첫 번째 명함의 설렘

딸이 백일 무렵 몸을 움직이며 눈맞춤하고 반응하는 모습이 부쩍 늘었다. 육아서적을 보면 엄마와 아이의 상호작용에 책 읽기가 가장 좋은 방법이라고 한다. 당장 뭐라도 해 주고 싶은 마음에 출판사에 다니는 지인에게 연락했다. 상담을 받고 남편과 상의 없이 유아 전집을 사기로 했다. 당시 남편 한 달 월급 정도 되는 금액이라 부담되긴 했다. 책이 도착한 날, 퇴근하고 온 남편이 문 앞에 있는 책 상자를 보더니 물었다.

"웬 책이야? 얼만데? 상의 좀 하고 사지."

"응, 지인이 출판사에 다녀서 저렴하게 샀어."

사실대로 말하면 잔소리할 것 같아서 적당히 둘러댔는데 남편이 볼멘소리했다.

"글도 모르는 아기에게 책이 꼭 필요해? 양이 너무 많은데 반품하고 서점에서 한 권씩 사주면 안 돼?"

미리 상의하지 않아서 서운하겠지만 반품하라는 얘기는 충격이었다. 본인도 책을 많이 읽는 편이라 아이에게 책 사주는 걸 반대할 줄은 몰랐다. 생각보다 강경한 태도로 반품을 원했다. 그의 의견에 동의하지는 않았지만, 당시 돈을 버는 처지도 아니라 어쩔 수 없었다. 싸우고 싶지 않았다. 그가 벌어다 주는 월급으로 살던 터라 지인에게는 미안해도 책을 반품할 수밖에 없었다. 내가 아니라 아이를 위해 산 건데 반대하니 속상했다. '앞으로 무얼 사던지 일일이 상의해야 하나?' 생각하니 좀 치사했다. 사건의 발단은 책이었지만 아이를 키우며 집에만 있다 보니 왠지 스스로 위축감이 들었다. 돈도 벌고 싶었다. 전업주부로 살다 보니 바깥세상이 그리웠다.

다행히 남편도 내가 아이와 본인만 바라보는 걸 안쓰러워했다. 아이를 맡기고 일하는 것을 반대하지 않았다. 공부하거나 돈을 함께 벌어서 가정 경제에 도움이 되는 것도 좋은 생각이라고 응원해 주었다. 너무 적극적으로 하라고 했으면 오히려 조금 싫었을 수도 있는데 모든 선택은 내게 맡겨주었다.

아이를 맡기고 일을 해보려고 구직을 시작했다. 미술을 전공했기 때문에 관련 직종을 먼저 알아보았다. 그런데 아이를 맡기고 일을 하려니 어린이집 비용과 기본적인 지출 비용이 꽤 많았다. 당시 미술 학원 강사나 방문 선생님 급여는 워낙 박봉이었다. 힘들게 일해도 보육비와 교통비로 대부분 지출해야 했다. 돈을 버는 의미가 없을 정도였다.

몇 개월간 고민하고 있는데 지난번 책을 반품한 지인에게 연락이 왔다. 아이가 조금 컸으니 함께 일해 보면 어떻겠냐고 물었다. 마침 구직하고 있던 터라 좋은 제안이라고 생각해서 지인이 팀장으로 있는 출판사에 가 보게 되었다.

출판사에서 하게 될 일은 책을 소개하고 판매하는 일이었다. 하지만 소극적인 나의 성격으로 감히 세일즈는 엄두가 나지 않았다. 다행히 처음부터 판매하는 건 아니고 아이와 함께 출근해서 육아 정보를 들으라고 했다. 일을 좀 배우며 적응이 되고 나면 어린이집에 보내라고 배려해 주었다. 다행히 사무실이 집과 매우 가까운 곳이라 출퇴근에 부담이 적었고 적응될 때까지 아이와 함께 출근할 수 있어서 지인을 믿고 시작해 보기로 했다. 막상 결정하고 나니 나도 다시 사회생활을 할 수 있다는 생각에 조금은 설레었다. 사무실에는 아이들 책이 많았다. 출근길이라기보다 아침마다 도서관에 가는 느낌이었다. 일찍 일어나서 딸의 이유식 도시락을 챙겨서 사무실로 향했다. 혼자도 아니고 아이와 함께 출근 준비를 하기는 쉽지 않았다. 하지만 온종일 집에서 아이와 단둘이 지내던 지루한 일상에 갈 곳이 생겼다는 것이 참 즐거웠다. 며칠 후 팀장님께서 명함과 스티커를 선물로 주었다.

'에듀플래너 이현정'

내 이름이 쓰인 명함을 받는데 설레고 기분이 너무 좋았다. 결혼 전에 일하던 미술 학원에서는 명찰을 착용해서 명함은 처음이었다. 명함 덕분인지 왠지 책임감과 자신감이 생기는 것 같았다. 첫 명함을 남편에게 주었더니 흐뭇하게 웃었다. 출산 후 힘들어하던 내가 생기가 있고 밝아진다고 좋아했다. 무리하지 말고 적당히 하라고 격려도 해 주었다. 집과 회사에 내 편이 생긴 것 같아서 마음이 든든해졌다.

어느 날은 근처 아파트 장에 홍보 행사를 나갔다. 열심히 명함도 돌리고 교육 전단도 나누어주었다. 마침 학습지에 관심이 있었던 1학년 엄마를 만나서 아이의 학습 진단을 했다. 팀장님의 도움으로 당일에 학습지 계약을 할 수 있었다. 첫 계약서를 내민 순간이 너무 떨렸다. 혹시나 틀릴까 봐 속으로는 바들바들 떨면서도 겉으로는 의연한 척했다. 그렇게 첫 계약서를 작성했다. 그 떨림의 순간은 지금도 잊을 수가 없다. 생애 처음,

떨리면서도 희열을 느꼈다. 하나둘씩 고객들이 생기다 보니 두렵기만 하던 일이 점점 익숙해졌다. 더불어 좋은 인연도 만나게 되었다. 하다 보니 세일즈가 힘들고 어려운 것만은 아니라는 생각이 들었다. 점점 일의 매력에 빠져 즐기다 보니 아이와 함께할 수 있는 직장을 만나게 된 것이 행복했다.

주위에서 내성적인 내 성격을 아는 사람들은 '왜 하필 세일즈를 하냐?'라고 종종 물어본다. 나는 '지금 내가 할 수 있는 일이고, 노력하는 만큼 성과를 낼 수 있는 보람된 일이라서 만족한다'라고 얘기한다. 어떤 일이 아니라 일과 육아를 병행하는 것이 중요했다. 욕심내지 않고 아이를 돌보며 할 수 있는 일이면 된다고 생각했다. 지금도 그때의 선택을 후회하지 않는다. 내가 할 수 있는 최선의 선택이었다.

지금은 18년이 지나고 퇴사 후 또 다른 새로운 명함을 꿈꾼다. 지금부터 시작해도 무엇이든 될 수 있다고 생각한다. 나의 이름으로…….

당신의 마음을 설레게 할 명함은 무엇일까?

새로운 시작을 위한 라이프 코치의 TIP

1. 다시 시작할 용기

육아와 집안일에 지쳐 있을 때, 새로운 일을 시작하는 결정은 큰 용기가 필요하다. 이것은 삶에 긍정적인 변화를 가져올 수 있다.

2. 가족의 응원과 지지

가족의 응원은 도전을 시작할 때 매우 중요하다. 새로운 변화를 줄 때 가족의 이해와 지지가 큰 힘이 된다.

3. 자신에게 맞는 일 찾기

자신의 상황과 성격, 전공 등을 고려하여 자신에게 맞는 일을 찾아보자. 도전을 통해 새로운 자신의 모습을 발견할 수 있다.

3. 엄마 사관학교 첫걸음

26살에 첫째를 낳고 부모가 되었지만, 막상 어떻게 키워야 할지 막막했다. 나와 같은 고민을 하는 엄마들은 많다. 보통은 육아 관련 도서를 읽거나 블로그나 카페를 통해서 정보를 얻었다. 그런데 그것만으로는 궁금함과 부족함이 채워지지 않았다. 첫아이가 태어나기 전부터 육아 카페에 가입하고 선배 엄마에게 많이 물어봤다. 얘기를 많이 들으면 들을수록 더욱 헷갈렸다. 아이는 차게, 따뜻하게 키워라, 뭐가 옳은 건지 판단하기 어려웠다. 눕힐 때 똑바로, 옆으로 눕혀야 하는지 너무 의견이 분분했다. 건강하게 잘 키우고 싶은 마음에 여기저기서 의견을 듣고 자꾸만 흔들렸다.

다른 것보다 자녀 교육이 가장 중요했다. 누구나 그렇듯 나도 첫아이를 똑똑하게 잘 키우고 싶었다. 백일이 지나고 나면 아이를 무조건 책 육아로 잘 키우겠다고 마음먹었다. 아이 책을 사주고 싶었지만, 남편이 반대했다. 결국, 내가 직접 출판사에 입사해서 책 육아를 시작했다. 입사해서 아이 책을 읽어주는 방법뿐 아니라 나이별 발달에 관한 정보를 배웠다. 아이를 키우는 데 도움이 많이 되었다. 막연했던 마음에 육아를 위한 등대를 만난 기분이었다. 아이를 낳고 잘 가르치려다 보니 엄마가 먼저 배워야 했다. 한 여론 조사에 따르면, 인생에서 가장 후회하는 것을 묻는 말에 세대와 상관없이 학창 시절에 공부하지 않은 것이라고 한다. 나도 마찬가지로 그때 당시 공부를 제대로 안 했던 것이 후회스럽고 아쉬웠다. 왜 그땐 몰랐을까? 이제라도 배워서 아이를 잘 키우는 현명한 엄마가 되기로 마음먹었다.

회사에서 '엄마 사관학교'라는 교육을 시작했다. 100일 동안 자기 주도 학습과 독서 논술 지도사 등 5개의 자격증을 취득할 수 있는 교육 프로그램이었다. 교육정책과 교육업계의 최신 트렌드 등 자녀 교육과 관련된 정보를 받을 수 있었다. 자녀를 잘 키우고 싶은 엄마들에게 기회였다. 새로운 지식과 경험으로 사고를 확장할 수 있었다. 이해가 안 가고 어려운 부분도 있었지만 쉬운 것부터 내 아이에게 먼저 하나씩 실천해 보았다. 꾸준하게 학습하면서 아이에게 맞는 육아 방법을 찾을 수 있었다. 엄마 사관학교를 수료하고 나니, 완벽하진 않아도 자녀 교육에 자신감이 생겼다. 나처럼 자녀 교육에 대해 막막한 초보 엄마들에게 길잡이가 되어 주고 싶었다.

부모 상담을 하다 보니 나와 같은 초보 엄마들이 많다는 걸 알게 되었다. 아이 발달 진단 검사를 신청한 선미 씨를 만났다. 첫째와 동갑인 아들을 키우는 엄마였다. 또래를 키우는 엄마라서 서로 통하는 게 많았다. 그녀도 첫아이를 키우는 것이 서툴고 어려워서 고민 중이었다. 서로의 고민을 얘기하며 시간 가는 줄 몰랐다. 그녀도 책 육아를 하고 싶지만, 방법을 몰랐다. 몇 달 전의 나의 모습이 생각나서 그녀에게 '엄마 사관학교' 교육을 추천했다. 그녀는 본인이 잘할 수 있을지 걱정하며 선뜻 시작하지 못했다. 하지만 아이를 위한 길이라고 생각해 용기를 냈다. 초반에는 아이와 준비하는 시간이 길어 교육 참석도 겨우 했다. 하지만 그녀도 의지가 강한 편이었다. 힘들지만 포기하지 않고 천천히 꾸준히 따라왔다.

　날마다 새로운 정보를 얻고 그녀만의 육아의 방향을 설정할 수 있어 만족했다. 육아서적을 읽고, 강좌를 들으며 열정적으로 배웠다. 아이뿐 아니라 엄마가 달라지려고 노력했다. 그녀는 아이의 호기심을 키워주고 늘 질문하고 답해 주었다. 아이를 관찰하고 재능과 강점을 발견해 존중해 주려 노력했다. 교육을 통해 첫아이를 키우면서 겪을 많은 시행착오를 줄일 수 있었다. 더불어 엄마와 아이가 함께 성장했다. 그 후에 그녀는 둘째, 셋째를 낳아 삼 형제를 모두 건강하고 바르게 키워냈다.

　엄마가 배운다는 것은 아이의 양육과 성장뿐만 아니라 자기 자신의 성장과 만족감을 위해 노력하는 것을 의미한다. 자기 계발을 통해 자신이 지속해서 발전하고 싶다는 생각과 의지가 삶의 긍정적인 영향을 준다. 부모가 지속해서 학습하는 모습을 보면서 자녀는 그 중요성을 이해하고 평생 학습의 가치를 인식하게 된다.

　새로운 것을 배우고 도전하는 과정에서 성취하는 모습을 보여주어 자연스럽게 자녀에게 노력과 인내의 중요성을 가르칠 수 있다. 기회가 온다고 해도 누구나 그 기회를 잡는 것은 아니다. 배우려는 의지와 열린 마음으로 다가오는 기회를 받아들일 때 나의 것으로 만들 수 있다. 부모의 교육은 아이 교육의 시작이다. 아이를 잘 가르치기 위해서 스스로 먼저 배우려는 자세를 갖추어야 한다. 우리가 아이에게 무엇을 가르칠 수 있을까? 그것은 우리 스스로 얼마나 배우려고 노력하는지에 달려 있다.

배우는 엄마가 되기 위한 라이프 코치의 TIP

1. 배움의 중요성

아이를 잘 키우고 싶다면 엄마가 먼저 배워야 한다. 부모가 먼저 공부하는 모습을 보여주는 것이 중요하다. 이를 통해 아이에게도 배움의 가치를 전달할 수 있다.

2. 엄마도 성장해야 한다

자녀 양육은 엄마의 성장 과정이기도 하다. 엄마가 새로운 것을 배우고 도전하며 성취하는 모습을 보여주면, 아이도 노력과 인내의 중요성을 배울 수 있다.

3. 기회를 잡는다

배우고 싶은 의지와 열린 마음이 있을 때 기회를 잡을 수 있다. 다양한 교육 프로그램에 참여 육아에 대한 자신감을 얻고, 아이를 더 잘 이해하고 키울 수 있는 방법을 배울 수 있다.

4. 엄마가 경력이 되는 일

아이를 낳고 엄마가 되는 순간, 우리는 기존의 삶과 확연하게 다른 일상을 살아간다. 신생아 엄마에게는 따뜻한 밥 한 그릇, 국 한 그릇조차 허락되지 않았다. 나는 식은 밥이나 국을 먹으면 바로 체해서 한여름에도 보온 도시락을 가지고 다녔던 사람이었다. 식은 밥을 먹는 상황이 되면 차라리 굶었다. 기존의 생활 습관부터 바꾸고 타협도 필요했다. 무엇보다 아이를 챙겨야 하는 엄마라는 이름 앞에서 도무지 내가 바뀌지 않고서는 버틸 수가 없었다. 천천히 적응해 보자고 결심했다. 조급해하지 말고 유연하게 생각하는 연습과 훈련을 했다.

'밥하고 국이 식으면 데워 먹으면 되지 뭐.' 이렇게 간단하게 바꿔서 생각하니 받아들이기가 한결 쉬웠다. 하나씩 타협하여 엄마가 되어갔다. 이제는 예전으로 돌아가려고 애쓰지 않았다. 과거를 돌아보며 현재를 부정하지도 않았다. 지금 내가 할 방법을 찾아 조금 더 행복한 길로 가려고 노력했다. 아이를 데리고 일을 시작한 지 2년쯤 되고 팀장으로 일하면서 둘째를 낳았다. 그동안 만났던 고객들도 대부분 엄마이기 때문에 임신, 출산, 육아를 겪은 동지애를 느꼈다. 새로운 시장을 개척하기보다는 기존 고객들을 관리하고 상담하는 위주로 일을 했다. 고객들의 소개도 많고 둘째 출산 기념으로 계약해 주는 고객도 있었다. 하지만 하나일 때보다 둘을 키우면서 일하는 것은 두 배 이상 힘들었다. 삼칠일이 지나자마자 출근하면서 몸도 마음도 지쳤다. '내가 너무 쉽게 생각했구나.' 일도 육아도 혼자 하다 보니 너무 힘들었다. 두 아이를 돌봐야 하는 상황에 다시 일에 대한 고민과 슬럼프에 빠지기 시작했다. 이렇게는 일을 지속할 수 없었다. 입사 이후 처음 퇴사를 결심했다. 국장님께 상황을 이야기했다.

국장님은 너무 갑작스러우신지 많이 놀라서 펄쩍 뛰었다.

"갑자기 퇴사라니? 우선, 고민 좀 해 봅시다"라며 일단락 지었다.

오후에 갑자기 본부장님께서 면담하러 오셨다. 첫째를 데리고 일하는 모습을 지켜보신 분이었다. 아이와 함께 성장하는 모습을 참 대견하고 기특해했다. 팀장으로 승진할 때도 아낌없이 축하해 주셨었다. 하지만 이제 아이가 둘이라 지치고 힘들어서 포기한다고 하니 실망하는 듯했다. 나를 한참을 바라보시더니 이야기를 꺼내셨다.

"이 팀장, 지금 포기하기에는 너무 아쉽지 않아요?"

"네… 그렇긴 하지만."

"처음 시작했을 때를 생각해 봐요. 2년이 지난 지금은 너무 멋진 워킹맘으로 성장했잖아요. 그때 팀장님처럼 육아에 정보를 잘 몰라서 힘들어하는 초보 엄마들이 많아요. 초심으로 돌아가서 그런 엄마들에게 희망을 주는 지역국을 운영해 보는 건 어때요?"

"제가요? 현재 상황에서는 팀장의 역할도 힘든걸요."

"지금까지 해 온 팀장님 능력이면 충분히 잘 해낼 거라고 믿어요."

국장이라니 처음에는 말도 안 된다고 생각했다. 하지만 지금 내가 뭐가 제일 힘든지 슬럼프에 빠진 이유를 곰곰이 생각해 보았다. 아이 둘을 돌보며 일하느라 지쳐서 활동이 어려웠다. 이 정도면 할 만큼 했다고 생각하며 도망치듯 회피하고 싶었다. 갑자기 부끄럽고 죄송한 마음이 들었다.

산후 우울증에 지쳐 있던 나에게 운명처럼 다가온 일이었다. 사무실에 나오는 것만으로도 신이 났다. 그때를 생각하고 마음을 바꾸니 갑자기 희망이 생기는 것 같았다. 본부장님은 힘들다고 포기하는 내게 새로운 목표를 통해 전환점을 만들어 주셨다. 엄마이기 때문에 할 수 있는 국장의 역할이었다.

"팀장님, 이런 슬럼프 시기는 누구에게나 오는 거야. 도망가지 말고 함께 헤쳐나가요."

본부장님의 위로와 격려가 힘이 되었다. 슬럼프가 왔다고 해서 포기하면 안 된다고 생각했다. 포기하는 한이 있더라도 그 길을 도전해 보기로 결심했다.

마음을 다잡고 못 하겠다는 생각을 버렸다. 어떻게 하면 할 수 있는지 방법을 찾아보았다. 그렇게 마음먹고 아이 둘을 키우며 31세에 국장이 되었다. 국장이 되어 사무실에 '이현정 국장'이 쓰인 명패가 도착했다. 그 명패를 보고 큰딸이 이렇게 불러주었다.

"국장님 엄마!"

그 말이 왜 그렇게 귀엽던지. 우여곡절 끝에 '엄마'라는 경력에서 '국장님 엄마'로 성장했다. 어쩌면 일과 육아의 끝없는 선택의 갈림길에서 도전하는 방향을 선택해서 여기까지 오게 되었다고 생각한다. 엄마들이 모두 일을 해야 한다는 것도 아니다. 다만 엄마라서 아무것도 못 한다고 포기하지 않았으면 한다. 엄마이기 때문에 할 수 있는 다양한 활동이 있다. 기존에 하던 일을 하지 못한다고 경력이 단절된 게 아니다. 육아를 통해 쌓아 온 경험으로 '엄마라는 새로운 경력'이 시작이 된 것이다.

처음에는 다 서툴고 힘들고 어렵다. 수습 기간에 잘 모르고 실수를 많이 하는 것처럼 엄마도 마찬가지다. 처음에는 누구나 아기를 어떻게 달래고 씻기는지 잘 모른다. 시간이 지날수록 익숙해지면 잘하게 된다. 그러다 보면 어느덧 육아 베테랑 엄마가 된다. 아이가 커가는 시간 동안 엄마의 역할이 바뀐다. 그러면 할 수 있는 일이 더 많아진다. 엄마도, 선생님도, 친구의 역할도 할 수 있다. 엄마의 역할은 일인다역이다. 이 세상 어디에서도 배울 수도 아무나 할 수 없는 소중한 경험이다. 하루하루를 살다 보면 아이와 함께한 소중한 경험이 추억이 된다. 이렇게 값진 경험이 모여 '엄마의 아름다운 경력'이 된다.

엄마라는 경력을 만들기 위한 라이프 코치의 TIP

1. 육아 경험을 경력으로 보기

엄마로서의 일상과 육아 경험은 소중한 경력이 될 수 있다. 육아를 통해 배우고 익힌 다양한 문제 해결 능력은 어떤 경력에서도 얻기 힘든 값진 자산이다.

2. 슬럼프를 기회로 바꾸기

육아와 일의 병행에서 느끼는 슬럼프는 누구에게나 올 수 있다. 하지만 이런 시기를 포기가 아닌 새로운 도전과 기회로 바라보는 긍정적인 태도가 중요하다. 이런 접근 방식이 새로운 가능성을 열어줄 수 있다.

3. 엄마라는 정체성을 자산으로 활용하기

엄마라는 정체성은 다른 사람들과의 공감대를 형성하고 신뢰를 쌓는 데 큰 도움이 된다. 엄마로서의 경험과 지식을 활용하여 새로운 경력의 기회를 만들 수 있다.

5. 육아의 낭만을 꿈꾸며

국장이 되어 내가 책임지는 일터가 생겼다. 아침에는 직원을 위해 책 육아 교육을 했다. 낮에는 고객을 만나서 육아 플랜을 세워주고 북 세일 즈를 했다. 내가 알고 있는 지식을 함께 나눌 때 배우는 즐거움과 행복이 커지는 것을 알았다. 우리 지역국을 일상에서 엄마와 아이가 행복한 곳 으로 만들고 싶었다. 막연하게 아이와 출근할 수 있는 곳, 공동육아를 할 수 있는 곳이면 좋겠다고 생각했다. 치열한 경쟁보다는 서로를 응원하며 함께 하는 모든 과정이 재미있고 유익한 일터로 만들고 싶었다.

나처럼 아이를 키우면서 배우고 싶은 엄마들을 모았다. 아침에 아이들 을 교육기관에 보내고 엄마는 일터로 나와 열심히 배우며 일을 했다. 퇴근 시간이 되면 아이들은 엄마의 일터로 하원을 해서 사무실은 늘 시끌벅적 했다. 매일 잔칫날처럼 저녁을 함께하고 아이들의 웃음소리에 하루의 피 로를 씻었다. 어려웠지만 서로 도우며 함께라서 가능한 일이었다. 엄마와 아이들이 성장하는 과정을 함께 할 수 있는 '육아 공동체'가 되었다.

세 명의 팀장들이 함께 1박 2일로 워크숍을 갔다. 아이들은 내가 책임 지기로 했다. 그날은 우리 집이 방과 후 유치원이 되는 날이었다. 두 딸과 팀장님들 아이 다섯이 모이니 마치 백설 공주와 일곱 난쟁이가 된 것 같았다. 일곱 명의 저녁을 차려 먹이고 난 후에는 함께 둘러앉아 책을 보았다. 밤이 되면 불을 끄고 프로젝터로 디즈니 영화를 상영하는 극장을 만들어 주었다. 돌쟁이 막내는 밤이 되자 엄마를 찾았다. 다행히 누나랑 형이 엄마 옷을 갖다 주면서 달래주었다. 서로 우애 있는 형제의 모습에 참 기특하고 예뻤다. 큰아이들은 마치 파자마 파티라도 하듯이 즐기면서 하루를 보냈다. 아이들에게 엄마가 없는 하루에 빈자리가 아닌 즐거운 추억을 만들어 주었다. 팀장님들은 다음 날 저녁에 돌아왔다. 그런데 아이들이 우리 집에서 하루 더 자고 가겠다고 해서 다들 난감해했다. 다음을 기약하며 잘 달래 집으로 돌려보냈다.

공동육아로 단순히 아이를 함께 키우는 것뿐만 아니라 서로 협력하고 지원하는 문화를 만들었다. 육아 가치와 목표를 공유하며 아이들은 더 풍요로운 어린 시절을 보낼 수 있었다. '동병상련'이라는 말처럼 우리는 말하지 않아도 서로의 마음을 알아주었다. 서로 아이들을 키우면서 10년 이상 함께 일을 했다. 이렇게 우리는 모두 '식구'가 되었다. 함께 일하는 과정에서 행복을 찾으며 엄마로서 일하는 것이 뿌듯했다. 일과 육아를 하며 함께 한 아이들이 어느새 자라서 현재는 성인이 되었다. 내 아이가 아니더라도 각자의 꿈을 향해 배우고 성장하는 모습을 보니 뿌듯한 마음이 들었다. 그때 그 시절을 함께 자란 아이들은 지금도 서로 연락하며 지낸다고 한다. 가끔 딸에게 그때 이야기를 물어보았다.

"학교 끝나고 엄마가 일하는 사무실로 오는 게 싫지는 않았어?"

"아니, 나는 집에 있는 것보다 엄마 사무실에서 친구들과 책 보고 노는 게 더 좋았는데?"

다행히 딸에게는 그 시절이 좋은 추억으로 남아 있었다.

혼자 할 수 없었던 일을 함께라서 할 수 있었던 것이 많았다. 아이를 키우며 느꼈을 외로움을 공동체로 극복할 수 있었다. 그 속에서 나눔과 배려를 배웠다. 모든 상황을 항상 예측할 수 있는 것이 아니었다. 때로는 갑작스러운 상황을 유연하게 대처하는 방법을 배웠다.

요즘은 개인의 사생활을 강조하는 사회라 공동체 생활을 꿈꾸기란 어려운 시대다. 하지만 생각을 전환하면 나와 같은 가치관을 가진 사람과 인연을 맺을 수 있다. SNS, 모바일 앱, 온라인 커뮤니티 등에서 육아 정보 공유나 온라인 모임이 활발히 진행되고 있다. 플랫폼을 통해 지역적 제약 없이 같은 관심사나 목적을 가진 부모들끼리 연결된다. 육아 커뮤니티를 통해 정보를 얻고 경험을 공유하며 서로의 이야기에 공감한다. 이를 통해 부모들은 실시간으로 다른 부모들의 조언이나 도움을 받을 수 있다.

지역 기반으로 오프라인에서 만나 교류할 때도 있다. 온라인과 오프라인의 연결고리 역할을 하면서, 직접적인 경험 공유와 실질적인 도움을 주고받는다. 디지털 시대 부모들은 자신만의 육아 방식을 찾아 시간과 장소에 구애받지 않고 소통하고 협력한다. 온라인 육아 공동체의 지원은 육아 스트레스와 고립감을 줄여줄 수 있다. 정보를 공유하며 서로 도와주는 따뜻한 공동체를 형성하고 있다. 이러한 장점들은 요즘 시대에도 육아 공동체가 필요하다는 것을 의미한다. 혼자가 아니라 우리가 될 때 즐거움과 행복이 더 커진다.

육아의 낭만을 꿈꾸기 위한 라이프 코치의 TIP

1. 공동육아의 힘

혼자서 아이를 키우는 것보다 다른 엄마들과 함께 육아를 공유하면 서로의 경험과 지식을 나눌 수 있다. 공동육아는 육아의 부담을 줄이고 아이들에게도 다양한 사회적 경험을 제공한다.

2. 육아와 일의 조화

직장 내에서 육아를 지원하는 문화를 만들거나, 육아에 대해 이해하는 동료들과 함께 일하면 더욱 효율적으로 일과 육아를 병행할 수 있다.

3. 긍정적인 육아 커뮤니티 찾기

온라인과 오프라인에는 다양한 육아 커뮤니티가 있다. 육아 정보를 공유하고 서로의 경험을 나누며 때로는 함께 모임을 가지면서 긍정적인 지지를 받을 수 있다.

6. 아이의 성장은 부모의 뒷모습에서

'아이는 부모의 뒷모습을 보고 자란다'라는 말이 있다. 아이들은 자라 나면서 주변의 모든 것을 관찰하고, 그것들을 자신의 일상과 연결 짓는 다. 부모의 말뿐만 아니라 행동, 표정 그리고 반응에 귀를 기울인다. 그 작은 눈동자에 비친 부모의 일상적인 모습은, 언어 이상으로 강력한 교육 의 역할을 한다. 어쩌면 가르침이라는 것이 행동을 통한 무의식적인 전 달일지도 모른다. 부모의 그 뒷모습에는 많은 것들이 담겨 있다. 부모의 노력, 헌신, 때로는 힘들고 지친 모습, 그리고 가장 중요한 것은 사랑의 흔적이다. 그래서 부모가 어떤 가치관을 가지고, 어떤 행동을 하는지가 아이에게 큰 영향을 미친다.

나미 씨는 5살, 2살 아이를 키우는 엄마였다. 처음 그녀를 만난 건 '에 듀맘'이라는 교육 강의를 진행할 때였다. 에듀맘은 아이를 키우는 부모 역할에 도움을 주는 오프라인 강의다. 그녀는 두 아이를 잘 키우고 싶은 마음에 열심히 교육에 참석했다.

육아에도 욕심이 많았던 그녀는 본인도 배우면서 일하고 싶어 했다. 교육을 수료하며 일을 시작했다. 나미 씨의 어머니는 일하면서 그녀를 키웠고 지금도 일을 하고 계셨다. 그녀는 어릴 적부터 어머니의 늘 자신감 있고 당당한 모습이 너무 좋았다. 자신도 아이를 낳고 일하는 멋진 엄마가 되겠다고 마음먹었다.

무엇이든 열심히 했던 그녀는 신입 교사로 입사해서 아이들을 챙기고 아침 일찍 출근했다. 바로 적응하기 힘들 텐데 늘 활기찬 모습이 참 대견스러웠다. 그렇게 열정이 넘치던 그녀가 어느 날부턴가 지쳐 보였다. 이유를 물으니 자신의 출근 전쟁에 관해 얘기해 주었다.

우선 아침 알람이 울리면 아이들을 깨우는 것부터 시작이었다.

"일어나서 빨리 씻자! 출근해야 해."

아이를 깨우지만 일어나기는커녕 꼼짝하지 않았다. 엄마 혼자 바빴다.

"안 일어나면 엄마한테 혼난다!" 목소리는 점점 커지고 결국, 소리를 질렀다. 막 걸음마를 뗀 둘째를 안고 씻기고 옷을 입히고 나면 진이 빠졌다. 아침을 먹이려면 더욱 힘이 들었다.

"얼른 먹자, 안 먹으면 그냥 치운다!" 한 숟가락이라도 더 먹이려는 엄마와 밥 먹는 게 싫은 아이와의 대치였다. 그렇게 혼자 아침마다 고군분투했다. 남편은 일어나자마자 출근하고 나가버렸다. 아이를 데리고 일하는 것이 못마땅해 일부러 도와주지 않았다. 그런 남편이 미웠지만 어쩔 수 없었다. 다만 조금만이라도 도와줬으면 하는 바람이었다. 초보 워킹맘에게는 아이 둘과 출근을 준비하는 것은 당연히 어려운 일이었다.

그녀는 자신과 동생을 키우며 일을 하셨던 어머니가 새삼스레 대단하게 느껴졌다. 잠시 어릴 적 생각에 잠겼다. 어머니는 바쁘다고 재촉하지도 않으시고 그저 묵묵히 자신이 할 수 있도록 기다려 주셨다. 스스로 할 수 있는 게 많았는데 어머니의 믿음과 배려가 있어서 가능했다고 생각하니 더욱 감사한 마음이었다.

그녀는 일도 육아도 잘하고 싶은 완벽한 성향의 엄마였다. 마음이 조급해 아침마다 바쁘다고 아이들을 채근했다. 아이들은 엄마의 속도에 따라오느라 버거웠다. 아이가 스스로 하도록 지켜보려면 많은 인내가 필요했다. 부모님을 떠올리니 그렇지 못했던 자신을 반성하게 되고 괜히 미안한 마음이 들었다.

아이들을 활기차게 일어나게 하려면 그 과정이 즐거워야 한다. 눈을 뜨고 맞이하는 첫 시간을 바꾸기로 했다. 조심스럽게 남편에게 도움을 청했다. 아이를 위하는 일이라 흔쾌히 도와주었다. 엄마는 아이를 깨우며 반갑게 인사하고 꼭 안아주었다. 아빠는 씻고 옷을 입는 걸 도와주는 동안 아침 식사를 준비했다. 마음을 바꾸고 나니 네 식구의 아침이 달라졌다. 전쟁이 아닌 즐거운 시간으로 변했다. 아이들도 점점 아침에 잘 일어났다. 행복하게 하루를 시작하는 아침을 맞게 되니 출근길도 즐거워졌다.

아이를 깨우는 것은 하루와 새로운 시작을 소중히 여기는 마음을 가르치는 첫걸음이다. 그 순간을 어떻게 만들어 가는지에 따라 아이들이 하루를 어떻게 경험하고, 인생을 어떻게 바라보게 될지를 결정짓게 된다.

부모는 언제나 자기 행동이 아이들에게 어떤 영향을 미칠지를 생각해야 한다. 하지만 부모도 완벽하지 않다. 때로는 실수할 수 있으며 그것을 인정하고 개선하는 것이 중요하다. 자신의 실수를 인정하고 그것을 바로잡는 모습을 보면 아이들도 그러한 태도를 배울 수 있다.

그녀도 엄마의 모습에서 배운 경험으로 아이를 기다려 주는 부모가 되었다. 아이들은 자라면서 가정에서 배운 경험을 바탕으로 자라서 사회로 나가게 된다. 믿어주고 보듬어 주며 힘들고 어려울 때 손길을 내밀어 주어야 한다. 스스로 할 수 있도록 사랑으로 기다려 주어야 한다. 그렇게 자란 아이들은 따스한 부모의 뒷모습을 닮아가게 된다. 아이들이 성장하면서 부모님의 뒷모습은 계속 변하게 된다. 그리고 언젠가 그 아이도 누군가에게 '뒷모습'이 되어 그림자처럼 이끌고 보호하며 가르침을 주게 된다.

아이의 바른 성장을 위한 라이프 코치의 TIP

1. 긍정적인 아침 시작

아이들이 즐겁게 하루를 시작할 수 있도록 아침을 긍정적으로 맞이하자. 부모의 따뜻한 인사로 아이를 깨우고 아침 시간을 행복하게 보내면 아이들도 즐겁게 하루를 시작할 수 있다.

2. 부모의 뒷모습

아이들은 부모의 말보다 행동을 더 많이 보고 배운다. 부모가 긍정적이고 성실한 모습을 보여주면, 아이들도 그런 모습을 자연스럽게 따라 하게 된다. 실수를 했을 때는 그것을 인정하고 바로잡는 모습도 좋은 교육이 될 수 있다.

3. 부모의 인내와 사랑

아이가 스스로 할 수 있도록 기다려 주는 것이 중요하다. 부모의 인내심과 사랑으로 아이를 기다려 준다면, 아이는 자신감을 갖고 독립적으로 성장할 수 있다. 아이에게 필요한 것은 시간과 부모의 믿음이다.

제4부
성장을 위한 '긍정 마인드셋'

1. 긍정 마인드셋, 성장의 시작점

우리가 살아가면서 마주하는 삶의 순간들은 다양한 감정의 파도를 일으킨다. 때로는 기쁨이 넘실대고 때로는 슬픔이나 불안이 밀려온다. 이러한 파도 속에서도 한 가지 꾸준히 우리의 내면을 지탱해 주는 힘이 있다면, 그것은 바로 긍정적인 생각으로 삶을 바꾸는 태도이다. '긍정 마인드셋'은 단순히 밝은 척이 아니라, 삶의 어려움을 유연하게 대처하고 내면의 힘을 긍정적으로 기르는 태도다.

일상의 소소한 순간에서부터 인생을 뒤흔드는 큰 사건에 이르기까지, 긍정 마인드셋은 우리가 세상을 바라보는 렌즈와 같다. 이 렌즈를 통해 바라보면 실패는 성장을 위한 발판이 되고 문제는 해결해야 할 숙제가 아니라 새로운 기회의 시작이 된다.

남매를 키우는 현미 씨는 남편 직장 때문에 지방에서 살다가 이사를 왔다. 일하고 싶다며 직접 사무실로 방문했다. 그녀는 적극적인 성격이라 세일즈에 부담을 느끼지 않았다. 열정만큼이나 교육열도 높았다. 아이를 키우며 일하는 것은 처음이라 잘하고 있는지 걱정이 많았지만, 누구보다 열심히 노력했다. 욕심만큼이나 일도 육아도 최선을 다해 빠르게 팀장으로 승진했다. 그러던 중 그녀가 셋째를 임신하였다. 두 아이를 키우며 일도 잘하고 있던 시기였다. 새 생명이 찾아와서 반가웠지만, 한편으로는 걱정스러워했다. 그녀는 심각하게 물었다.

"국장님, 출산해도 계속 잘할 수 있을까요? 다시 할 수 있을지 걱정돼요."

그녀의 눈빛은 간절했다. 나는 그녀의 열정이면 충분히 잘할 수 있을 거라고 믿었다.

"그럼요. 팀장님은 잘 해낼 수 있어요. 지금까지도 이렇게 잘 해왔는데 셋이라고 못할 게 뭐가 있겠어요?"

그녀가 지역국 문화센터 강의를 맡았을 때가 생각났다. 두 아이를 아빠에게 맡기고 밤을 새워 강의 교안을 달달 외우며 연습했다. 아침이 되자 나에게 시연하며 봐달라고 했다. 첫 강의라 떨리는 목소리였지만, 차분히 진행하는 모습을 보면서 어떤 상황에서도 무슨 일이든 잘 해낼 사람이라고 생각했다.

현재 두 아이를 키우며 일을 잘하고는 있지만, 아이가 셋이 되면 더욱 힘들어진다는 것은 자명한 사실이다. 하지만 그런 걱정에 앞서 지금 그녀에게 필요한 것은 잘해 낼 수 있다는 긍정적인 마음의 격려와 지지라고 생각했다. 그녀는 처음 일을 시작할 때 열정이 넘쳐서 종종 실수하기도 했다. 하지만 그런 실패를 거울삼아서 멋진 워킹맘으로 성장해 나갔다.

셋째의 임신으로 처음부터 다시 시작해야 하는 부담감과 걱정이 생기는 것은 당연하다. 나도 팀장 때 둘째를 출산하고 힘들어서 슬럼프에 빠졌었다. 그때 옆에서 나를 믿고 지지해 주었던 좋은 분들이 있어서 지금까지 일하며 성장할 수 있었다. 그래서 그녀에게도 그런 마음으로 응원해 주고 싶었다.

그녀는 셋째를 낳고 잠시 육아 휴직을 한 뒤에 복직했다. 복직 후에는 예전처럼 일할 수는 없었다. 세 아이를 돌봐야 해서 일의 비중을 조금 줄였다. 대신에 자신이 할 수 있는 만큼 일을 나누어서 최선을 다했다. 혹시라도 뒤처질까 더 많이 배우고 상담을 위한 자격증을 따는 것도 놓치지 않았다. 그녀의 배움에 대한 열정은 지치지 않았다. 일과 육아, 어느 하나도 포기하지 않고 꾸준하게 조율해 나갔다. 덕분에 얼마 후에 당당히 국장으로 승진할 수 있었다. 그녀는 스스로 성장하고 싶은 욕구와 해낼 수 있다는 믿음이 있었다. 실천 또한 게을리하지 않았기 때문에 해낼 수 있었다.

우리가 살아가면서 꼭 가져야 할 마음가짐은 '현재 상황은 영원하지 않고 나의 노력으로 변할 수 있다'는 생각이다. 우리 앞에는 무수한 많은 힘든 일들이 생겨나고 지나간다. 그럴 때 나의 힘으로 상황을 잘 해결해 더욱 좋아질 수 있다는 마음을 갖게 되면 해볼 만한 용기가 생긴다.

긍정 마인드셋을 가진 사람들은 도전적인 상황에 부정적으로 반응하는 대신, 문제를 해결하고 성장할 기회로 받아들인다. 그들은 도전을 극복하기 위해 노력하고 적극적인 태도를 유지한다. 아이를 키우면서 일하는 것이 힘에 부치다 보면 당연히 부정적인 마음이 생긴다. 엄마라면 모두 겪는 일이지만 대처 방법은 모두 다르다. 안 될 거라는 생각에 앞서 "어떻게 하면 이 상황을 잘 해결할 수 있을까?"라는 마음을 갖게 되면 새로운 전환점이 된다. 그러다 보면 일이 잘 풀리고 상황이 바뀌기도 한다. 더불어 새로운 도전과 기회를 받아들여 성장할 수 있다. 혹시 나의 부정적인 마음으로 인해 그 기회를 놓치고 있지 않은지 생각해 보아야 한다. '지금부터 나도 성장할 수 있다'라는 마음을 갖고 긍정적으로 생각하는 연습이 필요하다. 엄마가 되어 풍부한 경험으로 더욱 성장하는 나의 미래를 꿈꾸어 보자.

긍정 마인드셋을 위한 라이프 코치의 TIP

1. 긍정적인 시각 갖기

일상의 소소한 순간부터 큰 도전에 이르기까지 모든 상황을 성장과 발전의 기회로 바라본다. 실패와 도전을 극복하는 과정에서 배움과 성장의 기회를 발견한다.

2. 작은 목표 세우기

큰 목표를 작은 단계로 나누고, 각 단계를 달성할 때마다 자신을 칭찬한다. 이때 성취감을 느끼고 긍정적으로 생각하게 된다.

3. 유연한 사고 연습하기

새로운 상황이나 예상치 못한 변화에 직면했을 때, 한 가지 해결책에만 집착하지 말고 여러 대안을 고려해 본다. 어려움을 긍정적으로 극복할 기회로 전환할 수 있다.

2. 나의 자존감 찾기

　팀장으로 일할 때 연년생 두 딸을 키우는 주희 씨를 만났다. 처음 만났을 때 그녀는 육아에 많이 지쳐 있었다. 결혼 전에 직장생활을 하다가 임신 후에 직장을 그만두고 육아를 시작했는데 바로 둘째가 생겼다. 마치 쌍둥이를 키우는 것처럼 온종일 아이를 돌보느라 자신의 시간을 갖는 건 상상하기도 어려운 일이었다. 그녀는 내게 아이를 키우면서 일하는 게 어떻게 가능한지 물었다.

　"팀장님은 어떻게 아이를 키우면서 일도 하세요? 저는 아이만 키우는 것도 너무 힘든데……."

　"주희 씨는 아기가 둘이잖아요. 두 배는 더 힘들지요. 저도 힘들긴 한데 차츰 적응되니 괜찮아요."

　그녀에게 소심하고 내성적인 내가 일을 시작한 이유와 시간이 지나면서 스스로 변해가고 있는 부분을 얘기해 주었다. 그녀는 나의 얘기를 듣고 본인 얘기를 해 주었다. 출산 전 성실하게 일하며 경력을 쌓았다. 출산 후, 바로 둘째가 생기는 바람에 전업주부가 되었다. 두 아이를 육아하면서 집안일만 하니 점점 자기 자신을 잃어간다고 느꼈다. 남편은 퇴근 후 집에 오면 힘들다며 집안일도 나 몰라라 했다. 아이를 돌보는 것은 온전히 그녀 몫이었다. 그녀는 몇 년 동안 복직도 못 하고 집에만 있는 게 답답해서 남편에게 물었다.

"여보 나도 일 좀 해볼까?"

"애를 둘이나 데리고 무슨 일이야? 집안일이나 잘해"라며 오히려 타박이었다,

아이를 돌보느라 아무것도 할 수 없다고 생각하니 속상했다. 그러던 시기에 나를 만나서 아이를 데리고 일하는 모습을 보고 매우 부러워했다. 그녀의 둘째와 우리 딸은 동갑이었다. 같이 아이를 키우며 일하면 좋겠다는 생각에 그녀에게 조심스럽게 제안했다.

"아이들을 어린이집에 보내고 사무실에 나오실래요? 낮 동안 주희 씨의 시간도 갖고 일도 배우면 좋을 것 같아요."

그녀는 당황하면서 처음에는 제안을 거절했다.

"저는 아이 둘을 키우는 것도 벅차고 내성적인 성격이라 세일즈는 못해요."

사실, 나도 마찬가지였다. 그래서 그녀의 마음이 더욱 공감되었다.

"저도 내성적인 성격이에요. 작심삼일형에 의지박약이라 아직도 아침 출근이 제일 힘들어요."

지금의 나를 보면 전혀 믿기지 않는다고 했다. 오랜 설득 끝에 그녀는 용기 내서 오전에만 출근하기로 했다. 아침에 아이 둘을 챙겨 놓고 나오는 게 쉽지 않겠다고 생각했지만 성실하게 하루도 빠지지 않고 출근했다.

세일즈는 처음이라 배워야 할 것이 많아서 조금 어려워했지만, 차츰 잘 적응하며 잘 배웠다. 무엇보다 아침에 일어나서 출근 준비를 하며 너무 설레고 즐거워했다. 집에만 있을 때보다 몸은 힘들지만, 배우는 것도

많고 아이를 키우며 할 수 있는 일이라서 더욱 좋아했다. 마치 예전에 나의 모습을 보는 것 같았다.

시간이 지나 그녀는 혼자 상담하고 계약을 할 수 있을 정도로 성장했다. 첫 계약을 하고 온 날에는 기뻐서 울먹였다. 두 아이의 엄마로 육아에 지쳐서 살 줄 알았는데 자신도 할 수 있는 일이 있다며 좋아했다. 내가 세일즈를 시작하고 느꼈던 첫 설렘과 성취감을 그녀도 느끼고 있었다. 처음 시작할 때는 자신이 할 수 없는 일이라고 생각하고 자신감이 많이 없었다. 하지만 그녀만의 꾸준함과 차분한 성격으로 일하는 방법을 터득하고 시간이 지나면서 점점 변해갔다.

얼마 후 팀장으로 승진한 그녀는 "여보 나 오늘 회의가 있어서 애들 좀 챙겨줘요"라고 얘기할 수 있는 당당한 워킹맘이 되었다. 남편도 아내의 성장하는 모습에 반대하기보다 응원하기 시작했다.

자존감이란 '자기를 존중하는 마음'이다. 스스로 얼마나 긍정적으로 평가하는지를 나타내는 정서적 상태이기도 하다. 자존감이 높을수록 긍정적인 삶의 태도, 행복, 그리고 성취로 이어진다. 반면에 자존감이 낮으면 부정적인 생각과 감정 때문에 힘든 상황에 대처하는 데 어려움을 느낀다. 자존감을 높이는 것은 매우 중요하다. 진정으로 자기가 원하는 것이 무엇인가 들여다보아야 한다. 아이를 낳고 내가 아닌 아이에게만 집중하다 보면 엄마의 뒤에 감추어진 나를 잃어버릴 때도 있다. '내가 할 수 있는 게 뭐가 있겠어, 나는 못 해'라고 포기하며 나를 내려놓기보다는 현재의 위치나 상황에서 할 수 있는 것을 찾는 연습이 필요하다.

자기 자신을 이해하는 것은 자존감을 높이는 첫걸음이다. 자신의 강점과 약점, 가치관, 그리고 관심사를 파악해야 한다. 작은 목표를 설정하고 그것을 달성함으로써 자신감을 키울 수 있다. 자기 대화는 자존감에 큰 영향을 준다. 부정적인 자기 대화에 주의하고, 스스로 긍정적이고 격려하는 말을 사용한다. 자신에게 친절하게 대하고 자신을 응원하는 말을 건네야 한다. 또한, 다른 사람과 비교는 금물이다. 다른 사람과의 경쟁보다는 자신의 성장과 발전에 집중해야 한다. 새로운 것을 배우고 도전하는 것은 자기 성장에 도움이 된다. 자신에게 집중하여 새로운 경험을 찾아보면 스스로 발전하는 것을 느낄 수 있다.

자존감은 우리가 자신을 어떻게 평가하고 자기에 대해 어떤 생각을 가지느냐에 영향을 받는다. 내면의 노력과 태도에 따라 크게 변할 수 있다. 스스로 사랑하고 자신의 노력과 성취를 인정하며 부정적인 생각과 타인과의 비교에서 벗어나면 자존감은 자연스럽게 높아진다. 하지만 개인적인 여정에 따라 자존감을 키우는 데는 시간이 걸리기도 한다. 지치지 말고 '나는 괜찮은 사람이다', '나는 할 수 있다'라고 생각하고 믿어보자. 우리는 완벽하지 않은 존재이며 실수를 범하기도 한다. 그러나 그런 것이 우리를 더욱 인간적으로 만들어 주기도 한다. 스스로 인정하고 받아들여야 한다. 자신에 대한 긍정적인 태도를 보일 때 비로소 자존감을 찾게 된다.

자존감을 높이는 라이프 코치의 TIP

1. 자신 칭찬하기

매일 한 가지라도 잘한 일을 찾아서 자신을 칭찬해 본다. 작은 일이라도 괜찮다!

2. 긍정적으로 생각하기

나쁜 생각이 떠오르면 좋은 생각으로 바꿔본다. 예를 들어, "못 해" 대신 "도전해 보자"라고 생각한다.

3. 비교하지 않기

다른 사람과 자신을 비교하지 말고, 자신만의 속도로 성장하고 있다고 생각한다. 나만의 길을 걸어가는 것이 중요하다!

3. 독서로 찾는 나만의 길

아이를 키우며 일을 시작한 지 어느덧 8년 차쯤 되어 둘째도 초등학생이 될 무렵이었다. 아침에 일어나면 아이들을 챙겨서 학교에 보내면서 출근했다. 퇴근하면 저녁 식사 후 아이들 공부를 봐주고 새벽이 되어서야 한숨을 돌릴 수 있었다. 그러다 문득, 매일 반복되는 쳇바퀴 같은 삶에 지치고 힘들다는 생각이 들었다. 하소연할 곳 없는 삶의 무게에 짓눌리고 누군가에게 기대고 싶었다. 혼자 동동거리면서 해결하기는 힘들었다. 그러던 어느 가을날, 나의 인생을 응원해 주고 스스로를 깨닫게 해준 멘토를 만났다.

매번 새로운 책을 펼칠 때마다 미지의 세계로의 여정을 시작하게 된다고 느낀다. 한 페이지, 한 페이지 넘길 때마다 새로운 지평이 열리고, 마치 내 안의 나침반을 따라 길을 찾아가는 듯한 기분이 들었다. 이 길에서는 새로운 사실들을 알게 되기도 하고, 때로는 나 자신을 다시 발견하게 되었다. 김미경 작가의 『드림온』을 읽으면서 나를 되돌아보았다.

"멘토만 잘 고르면 그가 내 꿈의 길을 조목조목 알려줄 거라고? 이건 마치 손 안 대고 코 풀겠다는 심보다."

"꿈 멘토는 없다. 너 자신이 멘토다!"

작가의 직설화법이 참 좋았다. 머리를 각성시키고 폐부를 '쿡' 하고 찌르는 말들이었다. 스스로 반성하는 시간을 갖게 되었다. 나약해질 때마다 항상 기대고 싶은 누군가를 찾아 끊임없이 헤맸다. 나 자신을 멘토라고 생각해 본 적이 단 한 번도 없었다. 멀리서 찾을 게 아니라 내 꿈을 멘토로 삼으라니 정말 너무 지혜로운 말이었다.

'지치고 힘들지만 나를 믿고 좀 더 버텨보자!' 이렇게 생각을 고쳐먹고 나니 마음이 훨씬 단단해졌다. 나만 힘들다고 생각했다. 그런데 나와 같은 많은 사람이 스스로 응원하며 열심히 살아가고 있다는 생각에 나도 뒤처지고 싶지 않았다. 전에는 대부분 아이 책을 읽어주느라 내 책은 읽을 시간이 많이 없다고 생각해서 그런지 몰라도 한 달에 한 권 읽기도 빠듯했다. '아이들에게는 책을 많이 읽어야 한다고 얘기하고 정작 나를 위한 책을 읽지는 않았구나!' 하는 생각에 부끄러웠다. 책을 읽고 난 후로는 책 한 권으로 인생을 바꿀 수 있다고 믿었다. 글로 충분히 누군가를 응원하고 지지해 주는 힘을 믿게 되었다.

그 이후로는 나의 마음을 움직이고 실행할 수 있는 책을 보기 시작했다. 내가 부족하다고 생각되는 주제의 책을 찾아서 읽었다. 책을 멘토로 생각하고 책을 통해서 셀프 리더십을 키우기로 마음먹었다. 나의 성장을 위한 책을 일주일에 1권 이상은 읽으려고 노력했다. 혼자 마음먹기 힘들 때 마인드 리셋을 시켜주는 책이 있어서 정말 감사했다.

책은 저자의 경험과 지식을 담고 기록하여 다른 사람들과 공유한다. 독자들에게 자기 경험을 전달하고, 그들이 비슷한 상황에서 어떻게 대처해야 하는지에 대한 통찰력과 조언을 제공한다. 또한, 우리의 열정과 목표에 대한 동기부여를 한다. 성공, 도전, 자기 계발과 성장을 위한 가이드 등을 담고 있어 독자의 의지와 자신감을 향상 시킨다. 우리가 보지 못한 새로운 관점과 인사이트를 제공한다. 다양한 책을 읽으면서 우리는 다양한 분야에서 다른 사람들이 어떻게 생각하고 있는지를 알아볼 수 있으며, 이를 통해 우리의 사고와 이해력을 확장할 수 있다.

힘들고 지칠 때 누군가의 위로와 조언을 받고 싶을 때 멀리서 찾지 말고 나와 내 꿈에 맞는 '책 멘토'를 만들어 셀프 멘토링을 해보는 건 어떨까?

남편이 가끔 우스갯소리로 이렇게 얘기했다.

"자기계발서를 그렇게 많이 읽었으니, 이제는 책을 써도 되겠다."

농담으로 던진 말이 지금은 현실이 되었다. 이렇게 나의 이야기로 글을 쓰고 있으니 말이다.

책을 읽는 것만으로는 삶에 큰 변화를 기대할 수는 없다. 책에서는 어떤 문제에 대한 해답이나 해석을 제시하기도 하지만, 그것들이 항상 나에게 맞는 답이라고 할 수는 없다. 때로는 책의 내용과 달리 내게는 다른 길이 더 맞는다고 느껴지기도 한다. 그래서 나는 책을 읽을 때마다 내 생각과 감정, 경험을 대입하면서 나만의 길을 찾으려고 노력했다.

사람들이 무수하게 많은 자기계발서를 읽고 있지만 모두 성공의 경험을 하지 못하는 이유는 책을 읽는 데서 끝나기 때문이다. 반드시 따라 주어야 할 것이 '실행'이다. 책을 읽고 실행하는 과정에서 중요한 것은 실생활에 적용하는 것이다. 책에서 얻은 지식과 내 삶의 경험을 합쳐서 나의 것으로 만들어야 스스로 삶의 주인공이 될 수 있다.

독서는 내게 그저 취미 이상의 의미였다. 내 삶의 나침반, 나의 가장 친한 친구와도 같았다. 독서를 통해 나는 세상과 자신을 더 잘 이해하게 되었고, 그로 인해 나만의 길을 찾아 나갈 수 있게 되었다. 나는 끊임없이 책을 찾게 됐다. 새로운 길을 발견하고, 그 길을 걸으면서 나만의 삶의 지도를 완성하고 있다.

책을 통한 셀프 멘토링을 위한 라이프 코치의 TIP

1. 책을 통한 자기 계발

책을 읽으면서 새로운 지식을 얻고, 다른 사람들의 경험과 조언을 통해 삶에 적용할 수 있는 통찰력을 얻는다. 삶의 여러 상황에 대처하는 데 도움을 준다.

2. 실행과 적용

책에서 배운 내용을 실생활에 적극적으로 적용해 보자. 단순히 읽고 이해하는 것을 넘어, 실제 삶에서 실천하면서 자신만의 해석과 방법을 찾아가는 것이 중요하다.

3. 내면의 목소리 듣기

책이나 외부의 조언에만 의존하기보다는 자신의 내면의 목소리에 귀를 기울이자. 자신만의 감정과 생각을 중요시하고, 그것을 바탕으로 자신에게 맞는 방향을 찾아 나가자.

4. 나의 꿈은 무엇이었을까?

우리는 행복해지기 위해 가정을 이루고 아이를 낳아서 가정을 완성해 간다. 하지만 아이를 낳아서 키우는 동안 행복한 일만 있을까?

엄마가 되면 제일 먼저 떠오르는 단어가 '희생'이다. 그래서 엄마는 아이를 위해 무슨 일이든 해야 한다. 나의 행복을 위해 아이들을 고생시키는 것이 싫어서 자기 자신의 꿈을 포기하게 된다. 아이를 위해 어떤 것도 할 수 있지만, 과연 꿈을 잃어버린 채 아이만을 위한 엄마로 사는 것이 행복한지 스스로 생각해야 한다.

'엄마가 행복해야 아이도 행복하다'라는 말처럼 자녀 양육에 있어서 엄마의 행복은 매우 중요하다. 엄마로서가 아닌 나로서 주체적인 행복이 먼저다. 엄마의 행복한 감정이 아이들에게도 긍정적인 영향을 미치게 된다.

팀장으로 승진할 무렵에 첫째 또래의 아이를 키우는 엄마가 입사했다. 아이들이 비슷한 또래여서 어린이집도 함께 다니며 일도 육아도 함께 했다. 공동육아를 하면서 그녀도 즐겁게 일을 배웠다.

그런데 갑자기, 남편의 반대로 일을 못 하겠다고 됐다. 그녀의 남편은 아내가 일하느라 집안일에 소홀히 하는 것을 싫어했다. 출근하면서 몇 번 말다툼했고 더는 싸우기 싫어서 자신이 포기하겠다고 했다. 일에 재미를 느끼기 시작한 터라 아쉬운 마음이 컸지만 어쩔 수 없었다.

결혼하면 남편은 바깥일, 아내는 집안일을 해야 한다는 우리나라의 전통적인 유교 사상에서 벗어나려면 얼마나 시간이 더 지나야 할지 모르겠다. 세상이 많이 변했다고 해도 살림과 육아의 우선순위가 아내에게 더 많이 기우는 것은 어쩔 수 없는 사실이다. 엄마이기 전에 나로서 살아가려면 이런 생각에서 벗어나야 한다.

가정이 행복해지려면 서로를 향한 존중이 있어야 한다. 서로를 이해하려 노력하고 주어진 역할과 책임을 함께 해결해 나갈 때 가능하다. 어느 한 사람의 노력으로 만들어지는 것이 아니라 서로 배려하고 협력해야 한다.

얼마 후 30대 초반의 아이 둘을 키우는 진순 씨가 입사했다. 그녀는 전업주부였다. 일을 시작한 이유는 두 아이의 교육비 때문이라고 했다. 그녀는 결혼 후 첫째를 임신하면서 직장을 그만두었다. 둘째까지 낳고 자랄 때까지 아이를 키우면서 살림만 해왔다.

오랫동안 일을 쉬어서 잘할 수 있을지 걱정했다. 하지만 성격이 밝은 그녀는 첫날부터 사무실 정리를 도우며 즐겁게 일했다. 아이를 어린이집에 보낸 오전에만 일했지만, 한시도 허투루 보내지 않고 최선을 다했다. 세일즈가 처음이라는 걱정이 무색할 정도로 적응도 잘하고 상담도 잘했다. 그녀의 꾸준함과 성실함으로 얼마 후에는 실적우수상을 받으며 팀장으로 승진했다.

그녀는 몇 년 동안 아이만 키우다 보니 나로 사는 법을 잊었다고 했다. 엄마의 인생에서 아이만 잘 키우면서 사는 것이 최선이라고 생각했었다. 일도 아이 때문에 시작했지만, 막상 시작하고 보니 아이와 함께 본인도 성장했다. 두 아들도 너무 잘 키우면서 누구의 엄마가 아닌 '김진순'의 이름을 찾게 되었다.

그녀는 15년이 지난 지금도 국장으로 일하며 멋진 워킹맘으로 자신의 길을 가고 있다. 그녀의 꿈은 경제적으로 완벽한 노후 준비이다. 그동안 꾸준히 일하며 계획대로 잘 실행하고 있다. 오랫동안 지치지 않고 꾸준히 목표를 향해 전진하는 그녀의 모습이 참 멋지고 존경스럽다.

아이가 태어나고 키우느라 바쁘고 힘들다 보면 엄마의 삶에서 나를 따로 분리해 내기는 쉬운 일은 아니다. 그렇다고 엄마로만 사는 것이 나쁘다는 건 절대 아니다. 엄마로 살면서 나의 꿈을 잃지 말아야 한다는 이야기다. 그 꿈이 아이를 잘 키우는 것일 수도 있지만 내가 아닌 누군가를 키운다는 건 나 스스로를 키우는 그것보다 너무 어려운 일이다. 내가 나의 꿈을 키워나가는 모습을 보여주는 것이 아이를 잘 키우는 방법 중 하나다.

나는 지금 만학도의 꿈을 키워 마케팅 MBA 과정을 공부하고 졸업을 앞두고 있다. 처음에는 일하면서 도움을 받으려고 마케팅 학부 수업을 듣기 시작했다. 하지만 시간이 지나면서 더 배우고 싶은 욕심이 났다. 아이들과 함께 공부하는 엄마가 되려고 대학원에 진학했다. 시험 기간이 되면 아이들만 "시험공부 해라!"가 아니라 "엄마도 시험이라 같이 공부하자"가 되어 함께 도서관에 갔다. 퇴사 후에는 작가라는 새로운 꿈을 향해 도전하고 있다. 새로운 도전의 설렘으로 하루하루 최선을 다해 살고 있다.

꿈을 잃는다는 것은 자신의 미래를 잃는 것이다. 꿈을 꾸면 자기 삶의 목표와 방향성 찾는 원동력이 생긴다. 살아가면서 일상에 지치다 보면 당연히 꿈을 잃어버릴 수도 있다. 하지만 꿈을 잃어버렸다고 해서 실망하거나 포기하지 말고 꿈을 다시 찾기 위한 노력이 필요하다. 꿈은 꾸는 사람 마음에 달려 있다. 내가 진정으로 바라는 게 무엇인지, 그것을 향해 나아가기 위해서 무엇이 필요한지 생각해 보면 당장 오늘도 새로운 꿈을 꿀 수 있다.

'꿈을 가진 엄마'는 가정과 아이들을 돌보면서도 자신의 꿈을 좇는다. 자신의 꿈을 이루려는 것은 이기적인 것이 아니라, 오히려 가족과 아이들에게 좋은 영향을 주려는 것이다. 엄마가 꿈을 향해 노력하는 모습을 보며 아이들은 꿈을 가지고 도전할 용기와 자신감을 얻게 된다.

자녀와 함께 성장하며 자신의 꿈을 추구하고 어려움에 부딪혀도 포기하지 않고 노력하는 모습이 모델이 된다.

"나의 꿈은 무엇이었을까?"

오늘의 이 물음에 밤잠을 설치며 고민하는 '꿈을 찾는 행복한 엄마'가 되길 바란다.

엄마의 꿈을 찾기 위한 라이프 코치의 TIP

1. 자신의 취미 찾기

아이들이 자는 동안이나 잠깐의 여유 시간에 좋아하는 취미를 즐기자. 그림 그리기, 요리, 독서 등 자신이 행복을 느끼는 활동을 찾아본다.

2. 가족과 역할 나누기

가족과 함께 집안일과 육아를 분담하자. 남편과 아이들에게도 책임감을 가르치고 엄마는 개인 시간을 확보할 수 있다.

3. 작은 목표 세우기

큰 꿈을 이루기 위해 작은 목표를 세우고, 하나씩 달성해 보자. 새로운 것을 배우거나 온라인 강의를 듣는 것부터 시작해 본다.

5. 꿈은 실현되기 위해 있는 것

8개월 차 어린 아기를 데리고 판매사원에서 팀장, 국장이 되기까지 순탄한 과정은 아니었다. 국장으로 승진했을 때는 최연소 국장이라는 타이틀과 아이를 키우면서 매니저로 승진했다는 뿌듯함도 느꼈다. 그것도 잠시뿐, 6개월도 지나지 않아 내 마음은 산산이 부서졌다. 함께 분국해서 나온 팀장과 팀원들이 모두 이사, 육아 등의 개인 사정으로 그만두게 되었다. 당시 31살의 어린 국장이었던 나는 부푼 희망을 안고 새로운 시장을 개척하려 했었다. 릴레이 경주를 하는데 앞만 보고 막 내달리다 뒤를 보니 아무도 없었다. 그렇게 덩그러니 혼자 남았다.

아직 모유 수유도 안 끝난 둘째를 핑계로 포기하고 싶었다. 하지만 상황에 떠밀려서 그만두고 싶지는 않았다. 새로운 사무실로 등·하원을 할 때마다 '국장님 엄마'라고 부르며 반짝이는 눈으로 나를 바라보는 첫째와 힘들면 이사라도 해서 도와주겠다는 남편의 얼굴이 떠올랐다.

'나에게는 나를 믿고 응원하는 가족이 있구나!'

이렇게 생각하니 버틸 힘이 생겨서 끝까지 해보기로 마음먹게 되었다. 어떻게 해서라도 힘든 상황을 이겨내야겠다는 간절한 마음이 생겼다.

그때 『시크릿』이라는 책에서 끌어당김의 법칙을 만나게 되었다. 론다

번이 쓴 베스트셀러 책으로, 우주의 법칙 중 하나인 '인과응보의 법칙' 혹은 '끌어당김의 법칙'을 설명하고 있다. 긍정적인 생각과 태도가 우리 삶의 긍정적인 영향을 끼칠 수 있다는 메시지였다. 긍정적인 생각과 간절한 믿음이 만나면 강력한 힘이 생긴다는 것이었다.

이 책은 '인생을 바꾸는 힘'을 가진다고 믿는 많은 사람에게 영감을 주었지만, 비판적인 시각을 가진 사람들로부터는 현실과 동떨어진 이상주의로 평가받기도 했다. 나도 처음에는 '이게 무슨 소린지?' 도대체 이해가 가지 않았다. 하지만 지푸라기라도 잡는 심정으로 믿어보기로 했다. 소원을 이루기 위해 '원하기—믿기—받기'의 3단계를 노트에 적어보았다.

원하기: 팀원이 생기길 원한다.
믿기: 사무실이 북적이는 모습을 상상하고 믿는다.
받기: 팀원들로 북적이는 사무실이 된다.

이렇게 믿기지 않지만 믿어야 사는 사람처럼 생각하기로 하였다. 그리고 행동했다.

첫 번째, 팀원들이 생기길 원했다.

초심으로 돌아가서 나를 믿고 따라와 줄 한 명의 팀원이 필요했다. 팀장일 때 첫 팀원이었던 선미 씨가 생각이 나서 무작정 집으로 찾아갔다. 그녀는 둘째를 임신해서 퇴사하였는데, 아이가 조금 컸으니 다시 일을 해보자고 권유했다. 간절한 마음을 담아서 물었다.

"지금 팀원들이 개인 사정이 생겨서 퇴사하는 바람에 아무도 없어요. 힘들겠지만 시작한 일은 끝까지 한번 해보려고요. 혹시, 함께 도와줄 수 있어요?"

아직 둘째가 어려서 남편하고 상의해야 한다고 했다. 이미 짐작하기는 했지만 포기할 수는 없었다.

"선미 씨만 괜찮으면 준서 아빠는 내가 설득할게요."

준서 아빠는 팀장님의 남편이다. 예전에 일할 때 식사나 술자리도 같이해서 친분이 있었다. 남편이 퇴근할 때까지 기다렸다가 저녁을 함께하며 직접 부탁했다.

"사실 내가 좀 힘든 상황인데, 선미 씨가 꼭 필요해요. 다시 일할 수 있게 도와주면 안 될까요?"

그녀의 남편은 선뜻 대답하지 못하고 고민을 했다. 오랜 인연이라 거절하지 못하는 것 같았다. 한참을 생각하더니 아이들이 어린이집에 가는 시간 동안만 일하는 것은 괜찮다고 했다. 대신, 힘들다고 하면 그만두기로 하고 허락해 주었다. '나의 간절함을 느꼈구나!'라고 생각하니 감사한 마음에 눈물이 났다.

두 번째, 사무실이 북적이는 모습을 상상하고 믿었다.

선미 팀장님을 시작으로 다시 초심으로 돌아가서 열심히 활동하였다. 예전에 일하다가 그만둔 교사에게 연락해서 다시 함께해 보자고 설득했다. 장터에 매일 나가서 전단을 가지고 홍보하였다. 새로운 고객들도 초대해서 문화센터와 부모 교실을 진행했다. 문화센터는 토요일에 진행하는 프로그램이라서 아이를 맡길 곳이 없어 12개월이 된 둘째를 데리고 강의를 진행했다. 다행히 아이들과 함께 수업하는 프로그램이라서 학부모들도 이해해 주었다. 오히려 그런 모습이 좋아 보여서 일을 해보겠다고 하는 엄마도 있었다. 그러면서 정말로 하나둘씩 팀원이 늘기 시작했다.

아침이면 미팅하는 팀원이 늘었다. 주말이면 문화센터 수업 고객으로 사무실이 북적였다.

세 번째, 팀원들로 사무실이 북적였다.

문화센터 수업과 출근 이벤트를 통해 하나둘씩 사람들이 모이기 시작했다. 어느새 출근하는 팀원이 다섯이 되었다. 아이들까지 모두 오면 10명이 넘기도 했다. 아침 미팅과 간식을 준비하는 시간이 너무 즐거웠다.

처음엔 직원들이 떠나고 혼자서 무엇부터 해야 할지 몰랐다. 어떻게든 사무실을 살려야 한다는 생각뿐이었다. 우선, 긍정적인 생각과 강력한 믿음으로 어떻게 하면 사람을 모을 수 있을지 고민했다. 구체적으로 계획하고 움직였더니 어느새 생각한 대로 이루어져 있었다.

그 후로는 내가 원하고 집중하는 것을 매일 생각할 수 있도록 책상 위에 메모하는 습관을 갖기 시작했다. 그러다 보면 어느새 바라고 원하는 일이 기적처럼 이루어져 있을 때가 많았다. 하지만 원한다고 기적처럼 무조건 다 이루어지는 것은 아니다.

원하는 구체적인 목표를 정하고 계획과 실행을 하는 것이 가장 중요하다. 감나무에서 감이 떨어지기를 누워서 기다리는 것이 아니라 감을 딸 수 있는 다양한 방법을 통해 얻는 것과 같은 이치다. 생각과 감정이 현실에 영향을 미친다고 믿고 긍정적인 생각을 유지한다. 긍정적인 생각을 통해 원하는 것을 시각화하고 부정적인 생각을 통제하다 보면 원하는 쪽으로 향해 갈 수 있다.

일하면서 육아와 살림에 지치고 막막한 생각이 든다면 내가 가장 원하는 것이 무엇인지 집중해 보자. 다음으로 일과 육아의 우선순위를 결정하고 구체화한다. 원하는 걸 하나씩 구체화하고 그것을 얻기 위한 다양한 방법을 생각하고 행동으로 옮긴다. 내가 원하고 생각하는 대로 이루어진다는 믿음, 그 힘은 다른 곳이 아닌 나 자신에게 있다.

엄마의 꿈을 실현하기 위한 라이프 코치의 TIP

1. 목표 설정과 시각화

원하는 목표를 구체적으로 설정하고 그것을 마음속에 그려보자. 목표가 실현되는 모습을 상상하며 긍정적인 결과에 집중하면 목표 달성을 향한 동기 부여와 집중력을 키울 수 있다.

2. 긍정적인 생각하기

어려움과 도전에 직면했을 때도 긍정적인 태도를 가져보자. 부정적인 생각이 들 때마다 그것을 긍정적인 생각으로 바꾸려고 노력하며 자신의 가능성을 믿자.

3. 실천과 행동

꿈을 이루기 위한 구체적인 계획을 세우고 실제 행동으로 옮기자. 작은 단계부터 시작해 점진적으로 목표를 향해 나아가며 실천을 통해 꿈에 한 걸음씩 다가갈 수 있다.

6. 새로운 시작을 향한 첫 발걸음

2023년 1월, 18년간 일한 직장에서 퇴사하였다. 계획이 있어서 퇴사를 결심하게 된 것은 아니었다. 2021년에 유방암 수술을 하고 항암을 하면서 회사 일을 병행했다. 하지만 마음만큼 나의 체력은 따라주지 않았다. 무작정 버티기에는 수술과 항암 때문에 집중하지 못한 시간의 공백이 너무 컸다. 업무에 정상 복귀하고 전력 질주를 해서 마지막까지 노력했지만, 큰 변화는 없었다. 결국, 암 투병 동안 크게 벌어진 시간의 간격을 좁히지 못한 책임으로 퇴사를 했다. 18년간 다니던 곳을 떠나서 막상 갈 곳이 없다고 생각하니 좀 허무했다.

그런데 그런 생각을 할 새도 없이, 일복이 많은 나를 가만히 내버려 두지 않았다. 하루도 못 쉬고 새로운 사업을 시작한 남편을 도왔다. 한 달동안 양평으로 가서 몸을 쓰며 일했다. 나중에 생각하니 일밖에 모르던 내가 갑자기 집에 혼자 있으면 공허하지 않을까 하는 남편의 배려였다. 정신없이 남편을 도와 일하다 보니 어느새 한 달이 훌쩍 지나 버렸다.

퇴사 기념으로 딸들과 여유롭게 제주도 여행을 다녀왔다. 마침 제주도에 대학 동기가 살고 있어서 편하게 쉬다 올 수 있었다. 연수는 대부분 회사에서 많이 다녀왔는데 성과 중심이다 보니 늘 쫓기듯이 다녀오곤 했다. 하지만 이번에는 달랐다. 일정과 상관없이 충분히 쉴 수 있는 시간이었다. 오랜만에 느끼는 평온함이었다. 딸들과 즐겁고 좋은 추억을 만들었다. 여행으로 머리도 비우고 마음의 힐링을 하고 나니 이제 뭐라도 해야겠다는 생각이 들었다.

'이제 난 뭘 하지?'

그러다가 문득 일하면서 버킷리스트로 써 놓았던 꿈이 머리를 스쳐 지나갔다.

'일도 열심히 하고 두 딸도 잘 키워서 나중에 육아서를 꼭 써야지.'

사람들의 인생은 모두 한편의 대하 드라마라고 한다. 나도 마찬가지였다. 어릴 때부터 엄마가 아프셔서 병간호하느라 가장 아닌 가장 역할을 하며 살았다. 결혼해서는 일과 육아를 병행하면서 악착같이 일하며 두 딸을 키우느라 18년간 한시도 쉬지 않았다. 갑자기 겪은 암 투병을 하면서도 일을 놓지 않았다. 뭐하나 쉽지 않은 삶을 살았다. 누구보다 힘들게 버티며 살아온 나의 이야기가 누군가에게 용기를 줄 수 있으면 좋겠다고 생각했다.

그런데 책을 쓰고 작가가 된다는 건 아무나 할 수 있는 일이 아닌 걸 알기에 어디서부터 시작해야 할지 막막했다. 그래서 무턱대고 검색을 시작했다. '작가 되는 법', '책 쓰기', '책 출판하기' 등등. 그러다가 우연히 '책 쓰기 1일 특강'을 들을 수 있는 곳을 찾게 되었다. 책 출판은 하나도 모르니 이것부터 시작해 보자는 마음으로 특강에 참석했다. 마치 사회생활을 시작해서 첫 면접을 볼 때처럼 오랜만에 떨렸다.

평소 일을 시작할 때 목표를 정하면 바로 실행하는 스타일이다. 걱정하고 고민하는 과정이 길어지면서 지체되는 시간이 싫어서 그냥 우선할 수 있는 일을 먼저 시작했다. 새로운 꿈에 도전한다는 건 생각만으로도 설레는 일이었다. 특강을 듣고 나서 막연히 책을 쓰고 싶다는 생각이 목표를 가지고 집필하는 것으로 바뀌었다. 특강 이후로 매일 글을 쓰기 시작했다. 블로그에서 글쓰기 모임도 가입했다.

'매일 글을 쓰다 보니 올해는 출판사에 투고해야지'라는 목표도 생겼다.

휴일을 제외하고 하루도 빼놓지 않고 글을 썼다. 처음에는 일기처럼 써 내려갔다. 원고는 에세이도, 자기계발서도 아닌 푸념의 글이었다. 말 그대로 엉망진창이었다. 처음부터 잘 쓸 수는 없을 거라는 걸 알기에 내가 지금 할 수 있는 꾸준함으로 써보자고 생각했다. 특강에서 만난 멘토의 도움을 받아 내가 쓴 글을 여러 번 수정하는 방법을 배웠다. 퇴고를 많이 할수록 글이 간결해지고 정리가 되었다.

글쓰기 모임에서 '브런치 작가'를 알게 되었다. 우선, 도전해 보자는 생각으로 그동안 쓴 글 중에 두 편을 골라서 브런치 스토리에 지원했다. 며칠이 지나고 브런치 작가로 선정되었다는 메일을 받고 너무 기뻤다. 아직은 작가라는 호칭이 쑥스럽지만, 브런치 스토리에서 작가로 활동할 수 있는 자격을 얻었다는 것이 자신감을 주었다. 그 후 매일 브런치에 글을 발행하면서 여러 작가 지망생과 소통하고 있다. 막상 시작은 했지만 막연했던 작가의 꿈, 그 꿈에 도전하고 작가가 되기 위한 여러 방법을 찾아보고 실행했다. 어느새 그 꿈이 조금씩 이루어지고 있다.

우리는 원하는 결과를 얻기 위해 적극적으로 노력하고 행동해야 한다. 노력과 행동이 없다면 원하는 목표를 달성하기 어려울 수 있다. 그래서 우리는 주어진 상황에 적절한 행동을 취하고, 목표를 위해 노력하는 것이 중요하다.

나는 지금 새로운 삶을 살아가고 있다. 기쁘고, 흥분되어 잠을 이루지 못하고 글을 쓰는 하루하루가 설렌다. 내 나이 46세에 새로운 꿈을 꾸게 될 거라고 상상이나 해봤을까? 정말 제대로 제2의 인생을 사는 기분이다. '아무것도 하지 않으면 아무 일도 일어나지 않는다'라는 말처럼 다시 설렘을 느끼고 싶다면 가슴속에 고이 접어둔 마음을 펼쳐보자. 그리고 하고 싶은 것이 있다면 지금 할 수 있는 것부터 시작해 보자. 그러고 나면 어제와 다른 오늘의 삶이 시작된다.

새로운 출발의 첫걸음을 위한 라이프 코치의 TIP

1. 작은 시작으로 도전하기

큰 목표를 세우기 전에, 가능한 작은 일부터 시작해 보자. 글쓰기를 하고 싶다면 일기 쓰기나 블로그 글쓰기부터 시작하는 것처럼, 작은 성공을 통해 자신감을 쌓아가야 한다.

2. 지속적인 학습과 성장

새로운 분야에 도전할 때는 배움의 자세가 중요하다. 온라인 강의, 특강 참여, 독서 등을 통해 지식을 넓히고, 전문가나 멘토의 조언을 구하자.

3. 목표 달성을 위한 구체적 계획 수립

꿈을 실현하기 위한 명확한 계획을 세우자. 단기 목표와 장기 목표를 구분하고, 각 목표를 달성하기 위한 구체적인 행동 계획을 작성한다. 꾸준히 실행하며, 필요할 때 계획을 조정하고 개선한다.

제5부
관계를 위한 '긍정 마인드셋'

1. '네'가 아니어도 괜찮아

나는 모두에게 좋은 사람이 되고 싶은 '착한 사람 콤플렉스'가 있다. 이것은 자신의 진정한 감정이나 욕구를 억누르고 타인에게 호의적으로 비치기 위해 무리하게 노력하는 심리 상태를 말한다. 이는 타인의 기대에 부응하고자 하는 강박적인 욕구에서 비롯된다. 이런 콤플렉스를 가진 사람들은 종종 타인의 평가에 지나치게 의존하며 거절하기 어려워하고 자신의 한계를 넘어서서까지 남을 돕고자 하는 경향이 있다. '왜 나는 자꾸 이런 마음이 들까?'

어릴 적, 우리 가족은 3대가 함께 사는 대가족이었다. 둘째 딸이었지만, 장손인 오빠의 기에 눌리고 막내 남동생에게 관심과 사랑을 빼앗겼다. 그때부터 가족들에게 관심을 받으려면 착하게 행동하는 게 최선이었다. 살아남기 위해서라고 하면 될까? 워낙 소심한 성격이라 어른들 말씀에 대꾸 한번 하지 못하고 "네"라고 했다. 착하다는 말이 제일 좋은 말인 줄 알고 그 말을 듣기 위해 바른 행동만 하려고 노력했다.

학교에 가면서 반 친구들 모두에게 잘 보이고 착해야 한다는 강박으로 이어졌다. 친구가 준비물을 안 가져와서 "가위 좀 빌려줄래?"라고 물으면 하나밖에 없는 내 것을 빌려주었다. 그러고는 나는 다른 친구에게 가위를 빌려 썼다. 혹시, 내가 없으면 다른 친구에게 부탁해서라도 빌려 주었다.

"나도 가위가 하나인데"라고 말할 용기가 없고 모두에게 착한 친구로 남고 싶었다. 내가 갖고 싶고, 먹고 싶어도 양보하는 게 익숙했다. 결국, 남는 것은 '착한 아이'라는 말이었다.

무엇을 하던 내 생각과 마음보다는 다른 사람이 어떻게 생각할지를 먼저 떠올렸다. 누군가에게 주는 게 익숙해지고 늘 베풀면서 살다 보니 주위에 사람이 늘 많았다. 하지만 그런 나를 이용하는 사람들도 있었다. 돈을 빌려달라면 거절을 잘하지 못했다. 빌려주고 나서 갚으라는 말을 못 해서 손해를 보는 일도 종종 있었다. 돈을 갚지 않고 모르는 척 연락을 끊어버리는 사람도 있었다. 그런 일이 반복되다 보니 당연하게 손해 봐도 되는 사람이 되었다. 이런 내가 싫어서 고민을 했다. 주는 것에만 행복을 느끼는 사람이 얼마나 될까? 주는 만큼 받고 싶은 게 사람으로 당연한 이치다. 그래서 좀 다르게 생각하기 시작했다.

'무엇이든 줄 때는 아낌없이 주고 되돌아오기를 바라지 말자. 다만, 싫다면 주저하지 말고 표현하자.'

이렇게 생각하고 나니 마음이 한결 가벼워졌다. 주면서도 바라지 않으니 아쉬움도 아까움도 없어졌다. 당연히 좋은 마음이라 상대방이 알아주기도 했다. 또한, 내가 해결할 수 없는 상황에 대해 인정하는 연습을 했다. 못하는 이유를 설명하고 정중히 거절했다. 그렇게 노력하다 보니 점점 나의 진심을 알아주는 사람들이 생겼다.

워킹맘인 경우, 자녀를 돌보면서 일과 가정을 균형 있게 조절해야 하는 압박감이 있다. 이런 상황에서 '착한 사람 콤플렉스'가 발생하기도 한다.

직장생활을 충실히 하려는 마음과 가정생활에서 완벽한 부모의 역할을 하려는 욕구가 겹치게 된다. 자신의 역할을 완벽하게 수행하려고 자신의 필요와 욕구보다는 다른 사람들을 우선시하게 될 수 있다.

직장생활을 하다 보면 부탁을 거절하지 못해서 결국, 내 일처럼 되어버릴 때가 있는데 우리 스스로 일관된 사람으로 보이고 싶어 하기 때문이다. 하지만 다른 사람과 좋은 관계를 맺고 인정과 칭찬을 받기 위해 착한 사람이 꼭 되어야 할 필요는 없다.

살림과 육아를 하며 직장생활을 유지하려면 나만의 경계선이 필요하다. 내가 할 수 있는 만큼의 일의 양이나 시간을 정해 놓자. 그 외는 '꼭 내가'라는 책임을 내려놓는 연습을 해야 한다. 가족, 일, 개인적인 시간에 대한 우선순위를 명확히 하고 시간을 할애한다. 모든 것을 완벽하게 하려는 부담을 내려놓고 가장 중요한 목표에 집중한다. 모든 업무에 대해 완벽을 추구하기보다 '충분히 잘하는 것'에 만족을 배워야 한다. 직장과 가정생활의 균형을 찾는 데 자신에 대한 이해는 필수적이다. 자신에게 너그러움을 갖고 모든 것을 혼자 해결하려 하지 않는 것이 가장 중요하다.

"당신이 정말로 중요한 것에 '네'라고 말하고 싶다면, 당신은 다른 모든 것에 '아니요'라고 말해야 합니다."

—조코 윌링크

'아니요'라고 말하는 법을 연습하고 사소한 요청부터 시작하여 자신에게 부담이 되는 부탁을 거절해 보자. 때로는 정확하게 나의 입장을 표현하는 것이 자신과 가치에 대한 확고함을 보여주는 가장 강력한 방법이다. 거절할 용기를 내는 것은 내가 누구인지, 무엇을 원하는지, 그리고 무엇이 중요한지를 명확히 하는 것이다. 그로 인해 당장은 타인에게 불쾌감을 줄 수 있지만, 장기적으로는 자신과 타인 모두에게 더 긍정적인 결과를 가져올 수 있다. 이제부터 자신의 목소리를 낼 수 있는 용기를 가져보자.

착한 사람 콤플렉스 극복을 위한 라이프 코치의 TIP

1. 자신의 한계 인정하기

모든 것을 할 수 있는 완벽한 사람은 없다. 어떠한 일이든 자신의 한계를 인정하고 할 수 있는 만큼만 한다.

2. 우선순위 정하기

가장 중요한 일이 무엇인지 결정하고 그것에 집중하자. 가족, 일, 개인 시간 각각에 대해 우선순위를 정하고, 그에 따라 시간을 배분해야 한다.

3. '아니오'라고 말하는 법 배우기

모든 요청이나 부탁에 '네'라고 할 필요는 없다. 처음에는 어렵지만, 작은 요청부터 거절하면서 연습해 보자. 자신의 시간과 에너지를 소중히 여기는 것이 중요하다.

2. 내 일은 나의 선택

결혼하고 나면 의사결정의 기준이 내가 아닌 남편이 되는 경우가 있다. 물건을 구매하거나 여행 일정을 잡을 때 특히 그렇다. 일하다 보면 회사에서 워크숍에 참석해야 할 때가 있다. 신입 교사의 경우에 일정이 나와서 참석 의사를 물어보면 항상 이렇게 대답했다.

"남편하고 상의해 보겠습니다."

그리고는 다음 날 울상으로 속상해 하며 말했다.

"국장님, 남편이 안 된대요."

이런 상황이 생기면 나는 마음이 심란했다.

'육아도 일도 저렇게 열심히 하는데, 남편은 왜 반대를 하는 건지, 가고 싶은데 못 가는 마음은 오죽할까.'

"남편도 출장 갈 때 선생님께 허락받아요?"

신입 교사는 우물쭈물했다. 그녀는 결국, 워크숍에 참석하지 못했다.

엄마가 일을 시작하면 처음에는 이런 일로 종종 다투기도 한다. 하지만 일과 육아를 같이 하려면 거쳐야 할 과정이다. 시간이 지나서 점점 주도성이 생기고 주체적으로 계획하다 보면 남편의 양해가 아닌 일정 공유로 점점 바뀌게 된다.

나도 처음부터 모든 일을 내가 결정한 것은 아니었다. 입사해서 실적으로 경쟁하는 해외 연수에 도전해서 목표를 달성한 적이 있었다. 3박 4일 일본 연수였는데 하필 연수 일정이 시할머니 첫 제사와 겹쳤다. 어떻게 해야 할지 걱정이 되었다. 하지만 입사 후 처음 가는 연수라서 빠질 수가 없어 남편에게 연수를 꼭 가야겠다고 했다. 그는 맏며느리가 시할머니 첫 제사에 빠지면 절대 안 된다고 펄쩍 뛰면서 반대했다. 언성을 높이며 크게 싸웠다. 하지만 당당하게 목표 달성으로 가는 첫 해외 연수였다. 집안일 때문에 못 간다면 앞으로 또 이런 일이 생길 때마다 포기해야 하는 사람은 내가 될 것 같았다. 남편의 성화에도 절대 뜻을 굽히지 않았다. 그는 장모님께 나를 좀 말려 달라면서 친정에 찾아갔다. 오히려 친정어머니는 부부 일은 알아서 해결하라고 돌려보냈다.

"나 이번 연수 안 가면 10년은 후회할 것 같아"라고 얘기하면서 다시 한번 간곡하게 얘기했다. 남편도 설득될 것 같지 않았는지 포기하는 눈치였다. 우여곡절 끝에 연수에 참석했다. 사실 안 갔으면 후회할 만큼 즐겁고 재미있는 추억이 되었다. 아이를 낳고 혼자 떠나는 첫 번째 여행이라 더 신났는지도 모르겠다. 선배들에게 많이 배우고 경험을 쌓는 시간이었다.

시댁 제사에 혼자 참석한 남편은 어른들에게 엄청 혼이 났다면서 연수를 마치고 온 후에도 한참을 삐져 있었다. 다녀와서 달래주느라 애를 먹었다. 하지만 엄마, 며느리가 아닌 나만을 위한 첫 선택이었기에 후회하지 않았다. 그때 이후로는 아무런 반대 없이 여러 번 여행과 연수를 다녀왔다. 입국할 때는 남편에게 고마운 마음을 담아 양주 한 병씩 꼭 선물하곤 했다.

일하는 엄마가 자기 삶을 주도적으로 살아가는 것은, 일과 가정 사이의 균형을 찾고 자신이 누구인지 알아가는 과정이다. 스스로 결정하고 주도적으로 행동해야 어려운 상황이 와도 잘 대처할 수 있다. 이는 자기 삶의 튼튼한 기반을 만드는 것과 같다. 주체적으로 살기 위해서는 일상의 작은 결정부터 스스로 해야 하고, 이때는 강한 의지가 필요하다.

계획을 세우는 것도 중요하다. 모든 일이 계획대로 되지는 않지만, 계획을 세운다는 것 자체가 내 일을 내가 결정한다는 뜻이다. 장기적인 계획을 세우면 더 큰 목표를 볼 수 있고, 단기적인 유혹에 휘둘리지 않게 된다. 계획은 오늘의 행동을 이끌고, 원하는 미래로 나아가는 데 도움을 준다.

그렇다고 모든 것을 예측하고 통제할 수 있는 건 아니다. 삶은 불확실하고 예상치 못한 일이 생기기도 한다. 따라서 주체적으로 살기 위해서는 변화에 유연하게 대응하는 능력도 필요하다. 주체적인 삶은 나의 가치와 목표를 위해 스스로 시간과 방향을 정하는 것이다. 스스로 결정하는 것은 자신을 발전시키는 첫걸음이 될 수 있다.

내 일은 내가 선택하기 위한 라이프 코치의 TIP

1. 자기 결정권 갖기

자신의 삶에서 중요한 결정은 스스로 내리자. 다른 사람의 의견을 듣는 것도 중요하지만, 최종적으로는 자신의 판단에 따라 행동하는 것이 중요하다. 이는 자신의 삶을 주도적으로 살아가는 첫걸음이다.

2. 계획 세우기

자신의 목표와 가치에 따라 장기적 및 단기적 계획을 세워보자. 계획을 세우는 것은 미래를 향한 첫걸음이며 당장의 유혹이나 어려움에 휘둘리지 않게 해준다.

3. 변화에 유연하게 대응하기

삶은 항상 예측 가능한 것이 아니며 때로는 예상치 못한 상황이 발생할 수 있다. 이러한 상황에 유연하게 대응하는 것이 중요하다. 변화를 받아들이고 적응하는 것은 주체적인 삶을 살아가는 데 중요한 능력이다.

3. 남편이 아닌 내 편

많은 사람이 결혼을 선택하는 이유 중 하나는 배우자와 사랑하며 안정적인 가정을 만들고 싶기 때문이다. 서로를 사랑하고 지원하며 삶을 함께 나눌 기회이기도 하다. 그런데 살아가면서 서로의 기대했던 모습이 아니거나 아이를 낳고 생활의 변화가 생기면 서로의 관계가 흔들린다. 이럴 때일수록 서로의 믿음이 참 중요하다.

마리 씨는 어린 두 딸과 함께 일을 시작했다. 처음 일을 시작할 때 남편이 반대는 안 할 테지만 도와주지도 않겠다고 했다. 아침이면 두 아이를 준비시켜서 어린이집에 보내고 헐레벌떡 출근했다. 오후에 상담 일정이 있어도 하교 시간 전까지만 일할 수 있어서 늘 아쉬워했다. 하지만 일을 즐기면서 열심히 했다. 낮에 상담하기 위해 전날 밤에는 아이들을 재워 놓고 상담 준비를 했다. 집안일을 하나도 도와주지 않던 남편은 열정적인 그녀의 모습을 보며 차츰 생각을 바꾸기 시작했다.

그녀의 부단한 노력이 마음을 움직였다. 남편이 일찍 퇴근하는 날에는 아이들을 데려오고 저녁을 먹여 잠을 잘 준비를 해 주었다. 그런 날에는 그녀는 오후 시간까지 집중하며 일을 할 수 있었다. 혹시, 연수라도 참석하게 되면 적극적으로 연차까지 내면서 아이들을 돌봐주었다. 남편의 도움으로 그녀는 일에 집중했다. 일하는 시간이 늘어나면서 곧 팀장으로 승진할 수 있었다. 팀장 승진을 하던 날에는 남편이 꽃바구니까지 보내 주면서 응원해 주는 그녀의 편이 되었다.

처음부터 왜 안 도와줬냐는 마리 씨의 물음에 남편은 이렇게 대답했다.

"뭐, 얼마 하다 말겠지 생각했는데 생각보다 너무 열심히 해서 놀랐어."

"나도 한다면 하는 사람이야! 왜 이래?"라며 서로 투덕거렸다.

그녀는 팀장으로 몇 년 동안 일하다 개인 사정으로 그만두고 지금은 공방을 운영하고 있다. 새로운 일을 시작할 때도 남편은 그녀를 믿고 적극적으로 지지해 주었다. 일에 대해 얼마나 진심인지 마음을 알아주고 이해하는 진정한 그녀의 편이 되었다.

내 편이란 말 속에는 깊은 연대감이 담겨 있다. 결혼 생활 속에서, 특히 어려움이 닥쳤을 때 그 힘은 더욱 빛을 발한다. 그것은 믿음과 신뢰, 공감 능력, 그리고 무엇보다 '함께함'의 의미를 내포하고 있다. 우리는 결혼하고 나면 '잡은 물고기'라는 표현으로 상대방에게 소홀히 하며 그 전에 서로를 얼마나 위하고 좋아했는지 잊을 때가 있다. 부부는 자기 자신을 희생하는 것이 아니라 서로의 성장과 행복을 응원해야 한다. 서로의 편이 되어 힘을 주며 꿈과 목표를 지지해야 한다. 정말 힘이 들고 지칠 때 위로해 줄 내 편은 그 한 명이면 충분하다.

남편은 내가 처음 '유방암' 진단을 받았을 때 상상할 수 없이 불안하고 걱정스러운 마음이었다고 했다. 겉으로는 무던한 척했지만, 수술하는 일주일 동안 내가 잘못되기라도 할까 봐 한순간도 옆을 떠나지 않았다. 덕분에 온종일 병원에서 붙어 있으면서 많은 얘기를 나누기도 했다. 힘든 순간 서로의 가장 큰 지지자가 되고 그 지지가 조용히 서로의 삶 속에 스며들었다.

    부부의 관계는 지속적인 노력을 요구하는 여정이다. 서로에 대한 깊은 이해와 노력, 그리고 사랑이 필요한 일이다. 마치 정원을 가꾸듯, 관계도 정성을 들여 가꿔나가야 아름다운 결실로 서로의 편이 될 수 있다.

남편을 내 편으로 만들기 위한 라이프 코치의 TIP

1. 서로를 응원하기

부부가 서로의 목표와 꿈을 이루도록 응원하자. 서로의 성장과 발전을 위한 지지는 관계를 더욱 견고하게 만들어준다.

2. 소통과 이해

배우자와의 소통은 매우 중요하다. 서로의 기대, 욕구, 그리고 두려움에 대해 솔직하게 이야기하고 이해하는 과정을 통해 더 깊은 연대감을 형성할 수 있다. 어려운 결정이나 변화의 순간에도 서로를 이해해야 한다.

3. 함께 성장하는 관계 유지

부부 관계는 서로가 함께 성장하고 발전하는 여정이다. 개인적인 성장뿐만 아니라, 서로가 함께 성장할 수 있는 방향으로 관계를 발전시키려는 노력이 필요하다. 서로의 편이 되어주며 함께 꿈을 꾸고 목표를 향해 나아가야 한다.

4. 소중한 인연의 섬김

삼십 대 초반에 국장이 되어서 리더의 역할을 맡게 되었다. 세일즈 조직의 리더라고 하면 카리스마 있는 사람들을 많이 떠올린다. 하지만 나는 그런 것과는 거리가 멀었다. 어떤 리더이고 싶은가에 대한 고민을 했다. 나는 팀원들과 오랫동안 함께 일하는 리더가 되고 싶었다.

리더가 가져야 할 마음 중의 하나는 '서번트 리더십Servant Leadership'이라고 생각했다. 권력과 통제를 강조하는 전통적인 리더십과 달리 팀원들의 필요를 충족시키고 그들의 발전을 우선시하며 리더십을 발휘하는 것이다. 개인의 성장을 지원하고, 팀 구성원들이 그들의 잠재력을 최대한 발휘할 수 있도록 도와야 한다. 긍정적이고 협력적인 조직 문화는 핵심 결과 중 하나다. 리더가 봉사하는 자세로 일할 때, 구성원들도 서로를 돕고 조직 전체의 이익을 위해 노력하는 문화가 형성된다.

유재석은 대한민국의 유명한 MC이자 방송인으로, 그의 리더십 스타일은 서번트 리더십의 전형으로 자주 거론된다. SBS의 예능 프로그램 〈런닝맨〉에서도 그의 리더십을 발휘하는 모습을 여러 차례 보여주었다. 신인이나 게스트가 불편함을 느끼지 않도록 배려하며, 그들이 프로그램에 잘 녹아들 수 있도록 돕는다. 그는 방송 중에도 다른 출연자들이 더 많은 대사와 활동을 할 수 있도록 자리를 양보하는 모습을 보이기도 한다. 멤버들이 실패하거나 실수할 때 이를 흉보지 않고 오히려 재미있는 상황으로 전환하며 그들을 격려한다.

한번은 〈런닝맨〉에서 팀원 중 한 명이 다쳐서 경기에 참여할 수 없는 상황이 발생했다. 그는 경기 중에 다친 팀원을 위해 신속한 응급 처치를 요청했다. 그리고 팀원이 경기에 참여하지 못하는 상황에서도 그를 배려하고 지원했다. 경기 결과에 따라 상금을 받게 되었을 때도 상금 일부를 부상자의 치료에 사용하기로 팀원들과 합의했다. 그는 개인의 이익보다는 팀의 이익을 위해 노력하는 모습을 보여주었다. 그의 리더십 스타일은 방송계뿐만 아니라 다양한 조직과 팀에서도 배울 점이 많은 모델이라고 생각한다.

국장이 되면서 해외 연수를 갈 기회가 많았다. 연수 전날이면 행사처럼 하는 일이 있었다. 직원들이 모두 퇴근한 뒤에 항상 사무실 대청소를 하였다. 청소를 마치면 책상 위에 작은 선물과 편지를 올려 두었다. 내가 없는 동안 사무실에서 묵묵히 일하고 있을 직원들을 생각했다. 아침에 출근하는 그들에게 잠시나마 행복한 마음과 소속감을 느끼게 해 주고 싶었다. 한 명씩 편지를 쓰면서 그들의 장점에 집중했다. 꼭 성장시켜야겠다고 다시 한번 다짐하는 시간이었다.

아침이면 출근한 팀원들이 신나서 연락했다. 잘 다녀오라는 인사와 함께 함박웃음을 지은 사진을 찍어서 보내주었다. 그럼 전날 새벽까지 힘들게 청소한 보람을 느끼고 행복한 마음으로 비행기에 올랐다. 물론 여행에서 마치고 올 때도 양손 가득 무겁게 돌아왔다.

섬김은 배려와 존중하는 마음이라고 생각한다. 다른 사람을 이해하고 존중하며, 그들의 감정과 요구를 고려하는 것을 의미한다. "되로 주고 말로 받는다"라는 말은 선의와 도움을 주면 그에 대한 보상이 나중에 돌아온다는 의미이다. 내가 그들을 섬기며 베풀어 준 만큼 그 마음은 눈덩이처럼 불어나서 오히려 더욱 큰마음으로 되돌아왔다.

리더의 역할은 팀원을 통해 성과를 만들어 내는 일이기도 하지만 그들의 요구와 필요에 주목하고, 그들의 성장을 돕는 것이다. 팀원들과의 소통을 통해 그들의 강점과 약점을 파악하고, 그들의 개인적인 목표와 성장을 지원해야 한다. 섬기는 마음으로 팀원들을 이해하고 존중하며, 그들의 감정과 필요를 고려하려 노력했다. 그러다 보니 긍정적인 분위기로 팀원들의 참여와 동기부여를 높일 수 있었다. 그래서 15년 전 함께 시작한 팀원들이 여전히 일하며 서로를 응원하며 잘 지내고 있다. 나와 관계를 맺는 모든 사람을 스쳐 지나가는 사람이 아닌, 오래도록 함께할 소중한 인연으로 만들어 가고 있다.

진정한 리더가 되기 위한 라이프 코치의 TIP

1. 팀원 먼저 생각하기

리더는 팀원들이 필요로 하는 것에 귀 기울이고 잘 성장할 수 있게 도와야 한다. 팀원의 잠재력을 최대한 발휘할 수 있도록 도와주면서 긍정적인 조직 문화를 형성할 수 있다.

2. 개인의 강점과 성장 지원하기

팀원 개개인의 강점에 집중하고 그들의 개인적인 목표와 성장을 지원하자. 이를 통해 팀원들이 자신감을 갖고 업무에 임할 수 있게 된다.

3. 팀원들과의 소통 강화하기

지속적인 소통을 통해 그들의 의견과 아이디어를 들어보자. 그들의 요구와 필요를 이해하고 존중하면 더욱 적극적으로 업무에 참여하고, 긍정적인 분위기에서 협력하게 된다.

5. 모든 관계의 깊은 의미

일하다 보면 상대방이 도대체 왜 그러는지 이해가 안 간다는 말을 많이 하게 된다. 나도 마찬가지였다. 처음부터 상대방을 배려하고 이해하는 성격은 아니었다. 어느 순간 '그 사람도 나름대로 이유가 있었구나' 하고 생각하게 되었다.

고3의 어느 날이었다. 시험 기간이라 일찍 학교를 마치고 집에 왔다. 혼자 있는데 갑자기 낯선 사람들이 요란하게 초인종을 눌렀다. 혼자 있어서 꺼려졌지만, 법원에서 왔다고 해서 어쩔 수 없이 문을 열었다. 낯선 사람들 뒤로는 동네 아주머니들이 씩씩거리면서 따라 들어오셨다.

동네 아주머니들은 다짜고짜 큰 소리로 말했다.

"부모님은 어디 갔니? 지금 당장 오라고 해!"

너무 놀랐다. 너무 무서운 순간이라 아직도 기억이 생생하다.

낯선 아저씨들은 작은 빨간색 종이를 우리 집 물건에 붙이기 시작했다. 그때는 잘 몰랐는데 동산 가압류 처분이었다.

얼마 전까지 옆집에서 가족처럼 지내던 아주머니께서 말했다.

"야, 너희 집에 비싼 식탁 있던 거 어디다 빼돌렸니?"

그때는 너무 당황스러웠고, 무슨 소린지 알아듣지 못했다. 소리 지른

아주머니는 친한 친구 엄마여서 더욱 놀랐다. 그렇게 아주머니들은 온 집안을 휘젓고 다녔다. 법원에서 나온 아저씨가 온 집안에 빨간색 종이를 붙이고 나서 겁을 주며 못 박아 말했다.

"이 종이를 떼거나 물건이 없어지면 법적으로 처벌을 받는다."

너무 순식간에 일어난 일이라서 그때는 말문이 막혔다.

낯선 아저씨와 동네 아주머니가 돌아간 뒤에 그제야 혼자서 펑펑 울면서 부모님께 전화했다. 너무 엉겁결에 혼자서 무슨 일을 당했는지도 몰랐다.

저녁이 되어서 부모님이 돌아오고 나서 상황을 들을 수 있었다. 외삼촌께서 사업을 해서 동네 분들이 투자하고 보증을 서게 되었는데, 그게 잘못되어 우리 집과 물건이 가압류가 된 것이었다. 상황을 들어보니 동네 아주머니들이 왜 그러셨는지 조금은 이해가 갔다. '하지만 얼마 전까지 가족처럼 지내던 분들이 어떻게 저렇게 한순간에 변할 수 있지?'라는 생각이 들면서 그동안의 친하게 지냈던 관계가 참 허망하다는 생각이 들었다. 다음날부터 친구를 어떻게 대해야 할지 걱정이 앞섰다.

그때부터 '오늘의 친구가 내일의 적이 될 수도 있고, 언제까지나 적인 사람도 없다'라는 생각으로 살았다. 그러다 보니 나한테 아무리 나쁜 행동을 해도 그렇게 원수같이 밉다는 생각이 들지 않았다. '저 사람이 그러는 데는 다 이유가 있겠지⋯.' 이렇게 생각하면 화가 덜 났다.

그 후로는 '적을 두고 살지 말자'라는 생각이 나의 삶의 가치관이 되었다. 그렇게 생각하니 만나는 모든 사람이 내 편으로 느껴졌다. 내 편이 안 되더라도 적이 되지는 않았다. 적을 두게 된 사람들에게는 그럴만한 이유가 있고 이유를 듣다 보면 이해가 되고 오히려 측은지심이 생겼다. '측은지심'은 다른 사람의 불행을 가엾고 불쌍하게 여기는 마음이다. 상대방의 이해 안 되는 행동에 화를 내기보다는 측은지심을 통해 너그러운 마음을 가질 수 있었다.

세일즈를 시작하면서 이런 마음이 더욱 많이 들었다. 국장이 되어서 일을 하던 중에 함께 일하던 팀장이 갑자기 그만두었다. 퇴사의 이유는 일이 힘들고 지치기도 하지만 집안일 때문이라고 해서 그런 줄로만 알았다. 나중에 알고 보니 어린 상사와 일하는 게 배 아프고 고까워서였다. 집안일이 아니라 타사로 이동하느라 그만둔 것이었다. 사실을 알고 나니 당황스러웠지만 '나한테 서운한 게 있었나 보다' 생각하고 크게 괘념치 않고 넘어갔다. 그 일로 인해 팀원이 줄어서 힘들고 어려운 상황이 지속되었다. 하지만 흔들리지 않고 새로운 팀원을 모집하면서 다시 지역국을 꾸려나갔다. 6개월이 지난 후에 그만둔 팀장한테 연락이 왔다.

"국장님 다른 데 가니까 여기가 참 좋은 곳이었구나 하는 생각이 들었어요. 혹시 다시 받아 줄 수 있으세요?"

'괘씸한 마음에 안된다고 할까?'라는 생각이 들기도 하였지만 '측은지심'의 마음으로 팀장님을 받아들였고 결국 국장까지 승진시켰다.

주위에서 왜 다시 받아주냐고 바보 같다고 얘기하는 사람도 있었다. 그렇게 보일 수도 있다. 그 사람을 위한 마음도 있지만, 나를 위한 마음이 컸다. 타인의 마음을 이해하고 배려하다 보면 마음의 그릇이 커지고 내 마음이 편해진다. 불편한 상황을 싫어해서 내 맘 좀 편해지자고 상황을 합리화시키는 것일 수도 있다. 하지만 '세상의 모든 사람의 마음을 담을 수는 없지만 모든 일에는 다 이유가 있을 거야'라고 생각하고 '측은지심'의 마음을 갖는다면 그 대상이 누구이건 안타까운 마음이 들게 된다. 그러다 보면 어떤 것도 품을 수 있는 용기가 생긴다. 요즘처럼 각박한 세상에 그런 마음이 모여 서로를 이해하고 배려하는 사회로 변화하기를 기대해 본다.

긍정적인 관계를 만들기 위한 라이프 코치의 TIP

1. 상대방의 입장 이해하기

다른 사람의 행동이나 말에 이유가 있다고 생각해 보자. 처음에는 이해되지 않더라도 그 사람의 상황이나 마음을 생각해 보면 왜 그런 행동을 했는지 조금은 이해할 수 있게 된다.

2. 화내기 전에 생각하기

누군가에게 상처를 받거나 기분이 나쁠 때, 바로 화를 내기보다는 그 사람이 왜 그런 행동을 했는지 한 번 더 생각해 보자. 잠시라도 숨을 돌리면, 화가 조금 가라앉게 된다.

3. 너그러운 마음 갖기

모든 사람을 내 편으로 만들 필요는 없지만 적으로 만들지 않는 것이 중요하다. 상대방을 이해하고 너그럽게 받아들이려고 노력하면 관계가 좋아진다.

제6부
엄마의 행복 성장 프로젝트

1. 나를 위한 자기 수용

나를 소중히 여기려면 먼저 자기 자신을 잘 받아들여야 한다. 자신을 긍정적으로 보고 사랑하며 존중하는 것은 다른 사람들과 좋은 관계를 맺고 긍정적인 영향을 주는 시작점이다. 자기 자신을 있는 그대로 받아들이는 것을 '자기 수용'이라고 한다.

자신을 있는 그대로 받아들이기가 쉬워 보일 수 있지만, 실제로는 자신에게 관대하게 대하는 것이 어려울 때가 많다. 완벽한 사람은 이 세상 어디에도 없다. 그러므로 자신의 불완전함을 이해하고 받아들이는 것이 중요하다. 이런 자기 수용의 태도를 갖게 되면 자신을 긍정적으로 바라보게 되고, 자신의 가치와 잠재력을 인정하며 강점과 장점을 발견할 수 있게 된다.

나는 자신감이 부족한 사람이었다. 소심해서 의사 표현하기도 힘들었던 내가 세일즈를 시작했다. 처음에는 거절에 대한 두려움도 컸고 상처도 많이 받았다. 매몰차게 거절을 당할 때마다 '내가 왜 이런 대접을 받아야 하지?' 늘 속상한 마음에 자존감이 바닥을 쳤다. 하지만 내가 '갑'과 '을'이라는 생각을 버리기로 했다. 오히려 내가 그들에게 필요한 사람이 되어야겠다고 생각했다.

세일즈가 두려웠지만 나에게 맞는 방법을 찾으려고 노력했다. 상품을 설명하고 추천하는 게 어려워서 우편물을 보낼 때 간단한 메모를 했다. 인사와 이번 달 신상품의 소개, 자녀에게 왜 이 책이 필요한지 메모를 써서 보냈더니 고객에게 문의 전화가 왔다. 내가 전화로 힘들게 설명하는 것보다 오히려 효과적이었다.

고객과 대면해서 상품을 설명하는 것도 어려워했다. 아이의 독서 진단과 상담을 하는 것은 어렵지 않았는데 상품을 팔려고 방문하는 것이 힘들었다. 그래서 생각해 낸 방법이 독서 지도 수업이었다. 단순히 판매하는 것이 아니라 아이들과 융합 독서를 하는 수업을 하고 나서 관련 도서를 소개하는 것이었다. 그러자 수업하면서 자연스럽게 판매가 이루어졌다. 그렇게 고객 집 방문에 대한 두려움도 없어지고 어느새 '융합 독서 선생님'으로 소개가 많아졌다.

세일즈를 하겠다는 사람이 고객과 전화하고 만나는 것을 힘들어한다니 말이 안 된다고 생각할 수도 있다. 하지만 나는 그런 소심한 사람이었다. "그래서 못해"가 아니라 나의 성격을 인정하고 나에게 맞는 방법을 스스로 찾아보았다. 나의 존재를 있는 그대로 받아들여 다른 방법을 찾아 자신감 있는 사람으로 성장할 수 있는 계기를 만들었다.

가끔 우리는 자신을 의심하고 자존감이 낮아지는 순간을 겪곤 한다. 이럴 때일수록 자신 안에서 힘을 찾아야 한다. 우리 각자는 세상에 단 하나뿐인 독특한 경험과 능력을 갖추고 있다. 자신의 좋은 점과 장점을 발견하고, 약점을 개선해 성장하는 과정을 스스로 이해하고 받아들이는 것이 중요하다.

자신을 긍정적으로 바라보는 것은 자아 존중과 자신감을 강화한다.

행복한 삶을 위해 가장 소중한 것은 나를 이해하고 스스로 지키려는 마음이다.

자기 수용을 위한 라이프 코치의 TIP

1. 자신을 있는 그대로 받아들이기

모든 사람에게는 완벽하지 않은 면이 있으며, 이것은 인간으로서 자연스러운 부분이다. 자신의 모습을 있는 그대로 받아들이면 자기 자신을 더 잘 이해할 수 있다.

2. 자신의 강점과 장점 알기

각자에게는 독특한 재능과 특성이 있으며 이를 알고 존중하는 것은 자기 수용의 첫걸음이다. 자신이 좋아하는 활동을 하거나 자신이 잘하는 일에 집중하여 자신의 가치를 인식해 보자.

3. 긍정적 자기 대화 연습하기

자신에 대한 부정적인 생각이나 말을 긍정적인 것으로 바꾼다. 실패나 실수를 경험할 때, 자신을 비난하기보다는 배움의 기회로 보고 자신의 성장과 발전을 위한 단계로 받아들이자.

2. 나만의 감정 표현법

나는 감정 표현을 잘 못 하는 사람이다. 자신의 감정을 이해하고 표현을 잘하는 사람이 너무 부러웠다. 감정을 잘 표현하려면 인식해야 하는데 그러지 못했다. 내가 느끼는 감정이 어떤 것인지 조차 잘 알지 못했다.

첫째가 학교를 마치고 놀이터에서 놀다가 그네에 부딪혀서 눈 옆을 다치게 된 일이 있었다. 회사에 있다가 갑자기 연락받고 놀라서 병원으로 뛰어갔다. 아이를 보자마자 화가 나서 혼을 냈다.

"학교 끝나면 집으로 바로 가지! 왜 엄마한테 허락도 안 받고 놀러 갔어?"

아이는 내가 화를 내니까 무섭기도 하고 본인도 속상해 눈물이 터져서 엉엉 울었다.

사실은 병원에 가는 내내 크게 다친 건 아닌지 걱정이 되었는데 아이를 보자마자 화가 먼저 났다. 만약 화를 누르고 내가 느끼는 감정을 차분하게 표현했다면 어땠을까?

"엄마는 병원으로 오는 내내 너무 놀라고 걱정이 되었는데, 크게 다치지 않아서 정말 다행이야. 많이 아프진 않니?"

"응. 괜찮아요. 엄마, 학교 끝나고 엄마한테 얘기도 안 하고 놀이터에 가서 죄송해요"라고 걱정하는 마음과 미안함을 표현했을 것이다.

우리는 일상에서 스스로 느끼는 내 감정을 잘 모르기 때문에 언어로 표현하지 못하고 화, 분노 등 부정적인 감정을 먼저 드러낸다. 나도 그래서 욱하는 마음이 들 때가 많다.

더운 여름날, 옷이 다 젖도록 땀을 흘리면서 양손 가득 보따리를 들고 버스에서 내리신 친정어머니를 처음 대면한 우린 어떤 말로 시작하게 될까?

"전화하지! 왜 힘들게 버스를 타고 와요!"라며 버럭 화부터 낼 것 같다.

어머니는 아이 둘을 돌보느라 쩔쩔매고 있을 딸에게 전화해서 데리러 오라고 하지 못했을 것이다. 힘들어도 버스를 택한 어머니의 마음을 헤아리기에 우린 아직 부족하다. 화부터 내지 말고 나의 감정을 솔직하게 표현하는 연습이 필요하다.

"날도 덥고 무거운 짐까지 있는데, 버스 타고 오느라 많이 힘들었지요?"

이 말 한마디면 어머니는 충분히 딸의 마음을 이해할 수 있을 것이다.

나는 평소에 내 감정을 잘 모를 때가 많았다. 가족에게는 그나마 화도 내고 짜증도 낼 수 있었다. 다만, 사회생활을 할 때는 모든 감정을 절제했다. 무슨 일이 생겨도 '괜찮다'라고 생각했다. 모든 일은 내 탓이라고 생각하고 참았다. 그래서 스스로 괜찮은 줄 알았다. 하지만 스트레스로 인해 편두통을 달고 산 걸 보면 몸은 그렇지 못했던 것 같다.

우리가 느끼는 기쁨, 슬픔, 분노, 불안, 사랑, 증오 같은 감정은 사람과 상황마다 다르게 나타난다. 많은 사람이 슬프거나 불안하거나 화가 날 때 이런 부정적인 감정을 나타내는 걸 나쁘게 생각한다. 하지만 부정적인 감정을 표현하는 것 자체가 나쁜 것은 아니다. 오히려 건강하게 표현하는 것이 더 좋다. 이때 화가 난 이유가 스스로에게 명확해야 한다. "이 상황에서 나를 화나게 하는 것이 무엇이지?"라고 자문해 보자. 감정을 정확히 이해하면 그것을 표현하는 데도 도움이 된다. 자신의 감정을 솔직하게 받아들이면 진짜 이유가 무엇인지 알 수 있다.

자신의 감성을 이해하면 특정 상황에서 어떻게 반응하는지 알고 감정을 조절하는 능력도 키울 수 있다. 감정은 우리의 판단과 결정에 큰 영향을 미치기 때문에, 감정을 잘 조절하는 능력은 더 좋은 결정을 내리는 데 중요한 역할을 한다. 감정을 잘 이해하고 표현하면, 분노나 슬픔 같은 감정을 건강하게 다루면서 자신과 주변 사람들에게 긍정적인 영향을 줄 수 있다.

감정을 이해하고 표현하기 위한 라이프 코치의 TIP

1. 감정 이해하기

자신이 느끼는 감정을 정확히 이해하려고 노력하자. 화가 날 때 그 화의 근원이 무엇인지, 무엇이 그 감정을 유발했는지 스스로에게 질문을 한다. 이렇게 하면 감정의 근본 원인을 파악하고 더 건강하게 대응할 수 있다.

2. 긍정적인 표현법 찾기

감정을 표현할 때는 공격적이거나 부정적인 방식 대신 긍정적인 방법을 찾아본다. 예를 들어, 화가 날 때 "네가 이렇게 해서 화가 났어"라고 말하는 대신 "이런 상황에서는 조금 어려움을 느껴"라고 표현하는 것이 상대방에게 더 잘 전달될 수 있다.

3. 상황에 따라 유연하게 대처하기

각 상황에서 필요한 감정의 표현 방식은 다를 수 있다. 때로는 직접적으로 감정을 표현하는 것이 좋을 수도 있고, 다른 때에는 감정을 조금 누그러뜨리며 상황을 관리하는 것이 더 적절할 수도 있다.

3. 휴식, 나만의 피난처

엄마가 되어 새로 시작한 일에서 나를 찾고 나서 15년간 경주마처럼 달렸다. 물론, 보람되고 나를 성장 시키는 일이라고 생각해서 힘든 줄 모르고 밤을 지새웠다. 다행히 열심히 한 만큼 성과도 나타나고 승진도 하면서 천직이라 생각하며 일했다. 밤을 하얗게 지새워도 하나도 힘들지 않고 새벽이슬을 맞으며 퇴근하면 뿌듯함을 느꼈다.

그러던 어느 날 덜컥, 암 진단을 받고 바쁘던 일상에 브레이크가 걸렸다. 말 그대로 급정거였다. 교통사고가 난 후 후유증처럼 수술 후 일상으로의 회복은 쉽지 않았다. 항암으로 체력이 많이 떨어져서 충전할 시간이 필요했다. 우리는 발등에 불이 떨어져야 뜨겁다고 느낀다. 나도 이제서야 일을 줄이고 주말에는 오롯이 나를 위한 시간을 갖기 시작했다.

자연을 좋아해서 마당이 있는 주택에 살았었다. 암 진단을 받을 무렵에는 아이들 학업 문제로 전원주택에서 도심으로 이사를 해야 했다. 그 대신 아쉽지만 양평에 주말농장을 할 작은 땅을 마련했다. 덕분에 주말이면 카라반을 가져다 놓고 캠핑을 즐겼다. 다행히 항암 주사를 맞고 온 날에 쉴 곳이 생겼다. 산으로 둘러싸인 양평에 가서 피톤치드로 지친 몸을 치유했다. 그 후 본격적으로 집을 짓기 시작해서 지금은 우리만의 아지트인 세컨드하우스가 완성되었다. 주말이 되면 주중에 쌓인 피로를 그곳에 가서 바람을 타고 오는 풀 내음으로 날려버렸다. 처음에는 잠만 자고 내려왔지만, 이제는 꽃과 나무를 가꾸고 있다. 주말이면 숲속에 들어가 오로지 나만을 위한 휴식 시간에 흠뻑 빠져 지내고 있다. 노트북과 시원한 커피 한 잔이면 충분했다.

꼭 휴식이 거창한 방법일 필요는 없다. 얼마 전에 '한강 멍때리기 대회'가 열렸다. 바쁘게 돌아가는 현대사회에서 아무것도 하지 않는 것은 뒤처지거나 무가치한 것이라는 통념을 지우기 위해서다. 15분마다 측정한 참가자의 심장박동 그래프를 바탕으로 안정적인 상태를 유지하거나 점진적으로 하향 곡선을 나타내는 경우를 우수한 그래프로 보고 시상을 한다.

신문 사설에서 전상원 정신건강의학과 교수가 이것을 뇌 휴식 방법의 하나로 소개했다. "짧지만 자주 할 수 있는 멍때리기는 뇌 휴식에 도움을 주고 스트레스를 받는 일과 업무에서 잠시 벗어나게 해 주는 것"이다. 요즘 사람들은 잠시도 쉬지 않고 아무것도 하지 않으면 불안해한다. 계속해서 일어나는 일 때문에 뇌는 끊임없이 활동하고 정보를 처리해야 하므로 과부하가 걸린다. 하지만 건강한 뇌를 위해서는 휴식이 필요하다. 휴식을 통해 뇌는 과거의 일들을 정리하고 미래를 설계하며 자아를 튼튼하게 하는 내력을 키운다.

깊고 조용한 산속에서 혼자일 때 몸과 마음이 이완되는 느낌은 뇌가 휴식을 취하기 때문에 느껴지는 편안함이다. 온갖 자극이 범람하는 현대인이 본능적으로 이 대회에 열광하는 이유이기도 하다.

휴식은 '힐링'이라고 표현할 수 있다. '힐링'은 몸과 마음을 치유한다는 의미다. 일상에서의 업무, 학업, 인간관계, 경제적 상황 등의 다양한 압박과 과제들이 스트레스를 유발하고 신체와 정신에 부정적인 영향을 줄 수 있다. 이때 자신을 위해 적절한 힐링 시간과 활동을 즐기는 것은 삶의 질을 높이고 더욱 풍요롭게 살아가는 수단이다.

삶의 일상적인 요구와 도전에 직면하면 우리는 감정적인 부담을 느끼게 되는데 힐링으로 우리의 정서를 조절하고 긍정적인 감정으로 바꿀 수 있다. 차 안에서 음악을 듣거나 동네 주변을 가볍게 산책하는 것, 바쁜 일상에서 벗어나 혼자 몰입할 수 있는 것이면 무엇이든 좋다. 내가 좋아하고 하고 싶은 것을 찾아 쉼 없이 돌아가는 바쁜 일상에 지친 우리의 마음이 잠시나마 쉴 수 있는 시간을 주는 것은 어떨까? 자기만을 위한 '멍'의 시간을 꼭 가져보자.

휴식과 힐링을 위한 라이프 코치의 TIP

1. 단순한 휴식 취하기

아무것도 하지 않고 그저 편안하게 앉아 있거나 생각에 잠기는 시간을 가져보자. 짧은 시간이라도 꾸준히 실천하면 뇌에 휴식을 제공하고 스트레스를 줄일 수 있다.

2. 소소한 즐거움 찾기

삶에서 소소한 즐거움을 찾아보자. 일상 속 작은 것에서 즐거움을 찾는 것은 마음의 안정을 가져다주고 일상의 스트레스를 완화하는 데 도움이 된다.

3. 자연 속에서 시간 보내기

주말이나 여가를 이용해 자연 속에서 시간을 보내자. 산책하기, 작은 농장 가꾸기, 캠핑 등 자연은 재충전을 위한 완벽한 장소다.

4. 행복을 찾는 나침반 '취미'

"취미가 뭐예요?"라고 물으면 "독서에요"라고 대답하던 시절이 있었다. 요즘 시대의 독서는 취미라기보다는 생존을 위한 자기 계발에 더 가깝다. 다양한 형태와 주제를 가지고 있고 인터넷과 디지털 기술의 발달로 전자책, 오디오북, 웹툰 등 다양한 형식의 독서가 가능해졌다. 사람들은 자신에게 맞는 방식으로 책을 즐기고 독서의 형태와 스타일도 다양해지고 있다. '취미'의 사전적인 의미는 '전문적으로 하는 것이 아니라 즐기기 위해 하는 일'이라는 뜻이다. 요즘은 다양한 취미 활동을 하는 사람들을 '취미 부자'라고 부르기도 한다.

'워라벨'이라는 개념이 생기면서 많은 사람이 휴식과 재충전을 위해 자신의 취미에 시간을 투자한다. 일을 마치고 그 외 시간에는 운동, 악기, 그림 그리기 등 자신이 하고 싶은 일을 하며 시간을 보내는 사람들이 많다. 일상에서 느끼는 압박과 스트레스에서 벗어나 자신만의 작은 세계를 창조함으로써 행복감을 느끼고 즐거움을 찾을 수 있기 때문이다.

나 또한 '취미 부자'로 다양한 활동을 한다. 집필의 목적을 가지고 시작한 취미 모임 중의 하나는 '글쓰기 모임'이다. 혼자서 매일 글을 쓰는 것은 마음먹는 것조차 힘든 일이었다. 그래서 온라인을 통해서 글쓰기 모임을 찾아보았다. 우연히 블로그에서 '북적북적'이라는 모임을 만나서 30일간 매일 글을 쓰는 미션을 수행하였다. 글을 써서 발행하면 서로 댓글로 소통하면서 격려해 주었다. 다른 모임과 달리 글쓰기 모임은 자신 내면과 소통을 할 수 있는 곳이었다.

지금은 '브런치 스토리'에 작가로 활동하고 있다. 소재 중 반려견인 보리와 해피의 이야기를 써서 올렸더니 포털에 메인 글로 선정되어 5만 뷰에 달하는 쾌거를 달성하기도 했다. 매일 꾸준하게 글을 올리고 자신의 속마음을 상대방에게 솔직하게 표현하는 에세이 형식이라 공감을 많이 받았다. 내가 즐기면서 글을 쓰니 독자도 그 마음을 느끼는 것 같았다. 제 2의 인생을 시작하며 시작한 글쓰기를 즐기다 보니 매일 하는 취미처럼 되어버렸다.

그 외에도 하고 싶은 게 너무 많았다. 커피를 좋아해 직접 '바리스타' 자격증을 따서 주말이면 내가 좋아하는 카페라테를 직접 만들어서 먹는다. 커피를 그라인더에 바로 갈아서 에스프레소 머신으로 내릴 때 나는 커피 향은 생각만으로도 오감을 자극한다.

부부가 함께하는 취미도 있다. '꽃차 소믈리에'를 배워서 건강을 위해 꽃차를 함께 만들었다. 양평에서 직접 메리골드 꽃을 키웠다. 한 송이씩 따고 덖어서 꽃차를 만들어 주위 분들에게 나눔을 할 때 참 즐겁고 행복하다. 몸도 힘들 텐데 이것저것 하다 보면 힘들지 않으냐고 묻는 사람도 많다. 하지만 내가 하고 싶고, 배우면서 즐길 수 있는 많은 취미로 행복한 에너지를 충전하고 있다.

취미는 업무로 바쁜 일상에서 자신만의 시간을 갖는 즐거움으로 우리 삶의 균형을 가져다줄 수 있다. 정신적인 휴식을 제공하여 즐겁고 흥미로운 활동을 통해 마음을 편안하게 하고 스트레스를 줄일 수 있다. 일과 육아로 지치고 힘이 들 때 '나는 무얼 하면 행복할까?'라는 물음에 답할 수 있는 나만의 취미를 시작해 보면 어떨까?

자신의 에너지는 한정되어 있다. 가정과 직장에서 요구되는 일을 수행하느라 방전된 에너지를 즐거운 것을 하면서 충전하는 시간이 필요하다. 잠시라도 자신만의 시간과 공간을 가지고 원하는 취미를 즐기면 일상의 스트레스를 풀어내고 긍정적인 에너지를 얻을 수 있다.

취미를 즐기는 라이프 코치의 TIP

1. 자신에게 맞는 취미 찾기

자신이 정말 좋아하고 흥미를 느끼는 취미는 뭘까? 다양한 활동을 시도해보며 자신에게 맞는 것을 찾는 것이 중요하다. 글쓰기, 요리, 미술, 음악, 운동 등 다양한 분야에서 취미를 찾아보자.

2. 일상에 취미 시간 할애하기

바쁜 일상 속에서도 취미를 위한 시간을 정해두자. 자신의 생활 패턴에 맞춰 취미 활동을 위한 시간을 만드는 것이 중요하다.

3. 취미를 통한 네트워킹

취미 활동을 통해 같은 관심사를 가진 사람들과 소통하고 교류해 보자. 친구를 만나고 다양한 경험을 공유하며 서로를 격려하고 응원하는 기회가 될 수 있다.

5. 관점 바꾸기의 행복

인생을 살다 보면 '설상가상'이라는 말처럼 세상의 모든 안 좋은 일들이 한꺼번에 닥쳐올 때가 있다. '내가 뭘 잘못했다고 나에게만 이런 일이 생길까?'라는 생각을 온몸으로 하게 된다.

나도 마찬가지였다. 어머니가 돌아가시고 5년쯤 후에 아버지께서도 폐암에 걸렸다. 어머니도 안 계신 상황에 아버지까지 아프다는 사실은 너무 슬프고 힘든 일이었다. 다행히 건강검진 중에 발견해서 빨리 수술할 수 있었다. 수술 후 회복은 빨랐지만, 3년 후 뇌 전이로 2차 뇌수술을 하였다. 하지만 얼마 후 3차 전이로 수술을 하고 간호를 위해 집으로 모시고 왔다. 아버지는 폐암 전이로 인한 3번의 수술, 나는 당시 유방암 진단으로 일주일 후 수술을 해야 하는 상황이었다.

너무 힘든 상황이 한꺼번에 찾아오다 보니 힘들지 않았다면 거짓말이다. 하지만 나는 좌절하고 우울함에 빠져서 허우적대는 대신 희망적인 마음을 갖기로 했다. 그렇지 않으면 모든 것을 포기하고 싶어질까 봐. 아버지도 나도 빨리 암을 발견하고 수술할 수 있어서 너무 다행이었다. 평소 아버지는 혼자서 항암을 하러 다니시면서 힘들다는 말 한마디 없었다. 내가 직접 경험해 보니 그 힘든 과정을 홀로 견뎌내신 아버지의 마음을 이해하게 되었다. 아버지는 첫 암 수술 후 5년을 우리와 함께 버텨 주셨다.

그때 남편이 퇴사해서 아버지와 나의 수술과 간병을 도맡아 해 주었다. 원래 남편은 게임 기획 PD로 20년간 밤낮없이 일만 했다. 책임감이 커지면서 점점 심해지는 과한 압박과 스트레스로 "나 좀 숨 쉬며 살고 싶다"라며 고액 연봉을 포기하고 퇴사하였다. 경제적인 부분은 아쉬웠다. 하지만 남편을 위한 선택이라고 생각하고 퇴사를 응원해 주었다. 퇴사하고 얼마 후, 나와 아버지 둘 다 암 투병을 해야 했다. 남편이 예전처럼 바쁜 직장인이었다면 두 명의 암 수술에 항암, 간병까지 할 수 없었을 것이다. 오히려 다행이었다. 이렇게 긍정적인 마음으로 바꾸어 생각하니 퇴사해 준 것에 오히려 감사한 마음이 들었다.

수술을 마치고 난 후 회사의 배려로 항암 치료를 받으면서 일할 수 있었다. 건강이 우선이니 회사를 그만두라는 분들도 많았다. 항암을 하면서 힘들었지만 출근해서 집중할 수 있는 곳이 있어서 좋았다. 왜냐하면 아프다고 종일 누워 있으면 아픈 것에 집중하느라 아무것도 할 수 없었다. 마약성 진통제를 먹고 출근하면 통증에 신경 쓸 여력이 없어서 아픈 줄 모르고 지나갈 때가 많았다.

수술하고 나서는 식습관의 변화도 찾아왔다. 매일 한 끼 먹는 것도 힘들어했던 내가 약을 먹기 위해 삼시 세끼를 먹게 되었다. 다른 사람은 항암을 하면 살이 빠져서 걱정이라고 하는데 나는 끼니를 잘 챙겨 먹어서 오히려 살이 쪘다. 아프니까 아무것도 못 한다고 좌절하기보다 거꾸로 생각하니 좋은 점도 있었다. 항암 치료를 하면서 나를 걱정해 주는 회사와 주변 분들의 소중함을 알게 되었다. 스스로 건강을 챙기면서 살게 되는 계기가 되었다.

2022년 12월, 결국 나도 퇴사를 결정하면서 삶에 또 한 번 큰 변화를 겪게 되었다. 퇴사일이 정해지고 나니, 무엇부터 해야 하나 걱정스러웠다. 남편과 함께 백수가 되니 우리는 어떻게 살아야 하나 겁이 덜컥 나고 막막하기도 했다. 하지만 걱정과 우려는 오래가지 않았다. 어느새 남편도 새로운 사업을 시작했고 나도 예전에는 생각조차 하지 못했던 새로운 삶을 살고 있다. 이렇게 글을 쓰며 '작가'라는 제2의 인생을 준비하고 있다.

누구에게나 힘들거나 좌절하고 싶은 순간이 다가온다. 또한, 이러한 일들은 언제 닥칠지 아무도 모른다. 그럴 때 자신의 관점을 바꾸는 게 가장 중요하다. 부정적으로 생각해서 힘들고 나빠질 상황을 우려하고 걱정하는 데 시간을 소비하지 말자. 새로운 생각과 관점을 수용하고 긍정적인 마음을 갖는 것이 중요하다.

누구에게나 '삶의 총량 법칙'은 존재한다. 나에게 주어진 행복과 불행의 양은 같아서 나만 불행한 것이 아니고 언제까지 행복기만 할 수도 없다. 다만, 새벽이 오기 전에 밤이 가장 어둡다는 말이 있다. 힘든 일이 닥쳤을 때 좌절하지 말고 새롭게 다가올 나의 시작을 맞을 준비를 하면 현재의 불행을 겸허히 받아들일 수 있다. 가장 힘든 인생의 바닥에 서 있는 게 아니라 터널의 끝에 다가가고 있다고 생각해 보자. 곧 터널을 벗어나면 새로운 희망과 행복한 내일이 기다리고 있다.

관점 바꾸기로 행복을 찾는 라이프 코치의 TIP

1. 긍정적인 관점 유지하기

어려운 상황 속에서도 긍정적인 측면을 찾으려고 노력하자. 어떤 상황에서도 긍정적인 측면을 찾는 것은 마음가짐을 변화시키고, 더 행복하게 살아가는 데 도움을 준다.

2. 감사의 마음 가지기

주변 사람들과 자신의 삶 속에서 감사할 수 있는 부분을 찾아본다. 일상 속 작은 것들에 대해 감사하는 마음을 가지면 삶에 대한 만족도를 높이고, 어려운 시기를 헤쳐 나가는 데 큰 힘이 된다.

3. 어려움을 성장의 기회로 삼기

어려움은 피할 수 없는 삶의 일부이다. 이런 순간을 준비와 성장의 기회로 받아들이는 관점은 현재 상황을 극복하는 데 필요한 힘과 용기를 제공한다.

사실 나도 힘들었어…

인생을 새옹지마塞翁之馬라고 한다. 좋은 일과 나쁜 일이 반복되어 예측하기 어렵다는 뜻이다. SNS를 보면 모든 사람은 행복하고 나만 불행한 것 같다. 나도 마찬가지였다. 모두 꽃길만 걷고 있는 것 같은데 왜 나만 가시밭길인 건지… 그럴 땐 주문을 걸었다. "외로워도 슬퍼도 나는 안 울어." 나의 별명은 '캔디'였다. 언제부터인지는 잘 모르겠지만 힘든 일이 생겨도 징징거리지 않고 꿋꿋하게 헤쳐 가며 살다 보니 그렇게 불리고 있었다. 항상 겉으로 보이는 모습의 행복을 좇기보단 나의 일상에 있는 행복한 파랑새를 찾으려고 노력했다.

그런데 2020년 봄, 어느 날 갑자기 유방암 환자가 되었다. 처음 의사 선생님께 결과를 들으며 놀라긴 했지만, 그보다 남편과 아이들, 편찮으신 아버지, 직장동료들에게 뭐라고 얘기를 해야 할지가 더 걱정이었다. 남편은 폐암 전이로 투병 중인 친정아버지를 간호해야 해서 나는 유방암 진단 때도, 수술 일정을 잡을 때도 혼자였다. 나 때문에 괜한 걱정을 하고 신경을 쓰는 게 싫었다. 수술 후에 항암을 시작하고 항암 치료를 마칠 때쯤 되어서 주변 사람들에게 암 소식을 알렸다. 모두 전혀 아픈지 몰랐다면서 놀라기도 하고 걱정해 주었다.

평소 힘든 내색을 안 하는 성향이었다. 힘들어도, 아파도 참고 불만이 있어도 잘 표현하지 않았다. 내가 좀 참고 이해하면 모두가 편하다고 생각했다. 지난 20년간 일할 때도 마찬가지였다. 일하면서 아이 키우는 게 참 쉬워 보인다면서 한 팀장님이 이렇게 얘기했다.

"국장님 아이는 원래부터 워킹맘 자녀로 세팅되어 태어난 것 같아요."

'힘든 내색하지 않고 표현하지 않으면 다 쉬워 보이는구나'라는 생각에 조금 서글프기도 했다.

겉으로 씩씩한 척하지만 나도 사실 많이 힘들었다. 집안에서는 장녀이고, 시댁에서는 맏며느리이고, 회사에서는 본부장이라는 위치에 있다보니 모든 것을 혼자서 다 감내해야 했다. 책임감으로 일하는 것이 습관이 되어 묵묵히 했을 뿐이다.

백조는 물 위에서 우아하게 헤엄치는 것처럼 보이지만 사실은 물 아래에서 끊임없이 발을 움직이고 있다. 죽을힘을 다해 일과 육아를 병행하며 살아가는 모습이 누군가에게는 너무 쉽게 운이 따르는 것처럼 보였다고 한다.

문득, 미켈란젤로의 '천지창조' 일화가 생각났다.

하루는 친구가 와서 천장 구석까지 꼼꼼히 그리는 미켈란젤로를 보고는 비아냥거렸다.

"잘 보이지도 않는 구석까지 정성 들여 그린다고 누가 알아주겠어?"

"바로 나 자신이 안다네."

미켈란젤로는 이렇게 답하고 묵묵히 그림을 그렸다.

나도 괜찮다. 미켈란젤로처럼 남이 알아주는 게 아니라 내가 알면 되니까. 힘든 일이 생기면 '이 또한 지나가리라' 하고 생각한다. 다행히 수술도 잘되고 항암도 잘 마치고 3년 동안 '암 생존자'라는 이름으로 살아가고 있다.

일도 하고 육아도 하는 워킹맘의 힘듦을 누군가가 알아줄 수 있을까? 누구의 위로보다 내가 스스로 가치를 인정하고 알아주는 마음, 잘하고 있다고 격려하는 마음이면 된다. 튼튼한 뿌리를 가진 나무가 어떠한 환경에서도 잘 견딜 수 있듯이 스스로 단단한 '마음의 뿌리'를 내리면 더욱 잘 성장할 수 있다.

하지만 '지치고 힘들다'라는 말을 가족에게 하지 못한 아쉬움이 있었다. 그저 나만 감내하면 되겠지 했는데 그게 아니었다. 큰딸이 항암을 마치고 난 후 써준 편지를 보면서 마음이 너무 아프고 눈물이 났다.

'엄마가 암이라고 했을 때, 너무 놀라고 겁나서 혼자 몰래 울었어요. 엄마가 더 힘들까 봐 차마 표현하지 못했어요.'

'나만 힘든 건 아니었구나. 곁에서 나를 지켜보는 가족이 있었구나.' 그때는 미처 생각하지 못했다. 차라리 사실대로 얘기하면서 서로 끌어안고 펑펑 울기라도 할 걸 그랬다.

인생에 수많은 우여곡절과 위기가 닥쳐올 때 정면 돌파해서 싸워 이기는 것만 정답이 아니라고 생각하게 되었다. 지금 너무 힘든 순간이라고 생각이 들면 잠시 나를 내려놓고 뒤를 돌아보는 시간을 가져보자. 미처 깨닫지 못해 지나쳐버린 소중한 순간이 바로 뒤에서 기다리고 있다.

이 글을 쓰면서 엄마로, 워킹맘으로 20년간의 추억을 회상하며 웃음도 눈물도 났다. 결혼하고, 아이를 낳고, 일을 시작하며 누구의 엄마가 아닌 내 이름을 잃어버리지 않으려고 노력했다. 나는 'ㅇㅇ엄마'가 아직도 어색하다. 나를 찾는다고 엄마가 아닌 건 아니었다. 엄마가 되었지만, 아이와 나를 함께 키웠다. 그래서 퇴사 후에도 고민 없이 이 책을 집필할 용기가 생겼다.

일과 육아 사이에서 줄다리기하는 엄마들에게

엄마의 일상은 늘 도전으로 가득 차 있음을 잘 알고 있다. 아침이면 두 가지 세계 사이에서 줄타기를 시작한다. 매일 아침 직장으로 향할 때, 가슴 한쪽에 언제나 미안함과 걱정이 자리 잡고 있음을 안다. 하지만 동시에 자신의 역량을 발휘하고 경제적 독립과 가족을 위해 노력한다는 자부심도 느낄 것이다.

직장에서의 성공과 가정에서의 행복 사이에서 균형을 찾는 것은 결코 쉬운 일이 아니다. 때로는 업무의 압박과 가정의 요구 사이에서 자신을 잃어버린 듯한 느낌에 사로잡힐 수도 있다. 하지만 매일 맞닥뜨리는 어려움 속에서도 당신은 놀라운 일을 해내고 있다.

가끔은 스스로 너그러워질 필요가 있다. 완벽을 추구하는 것보다는 '충분히 잘하고 있다'라고 자신을 안심시키자. 잠시 숨을 고르고, 자신을 위한 시간을 갖는 것도 중요하다. 자기관리는 이기적인 행동이 아니라, 장기적으로 가족에게 더 나은 자신을 선사하기 위한 방법이다.

엄마의 노력과 희생은 가족에게도 분명히 전달되고 있다. 그 뒷모습을 보며 아이들은 열정, 책임감, 끈기를 배운다. 도전과 꿈을 향해 나아갈 용기를 얻는다.

마지막으로, 당신이 혼자가 아니라는 것을 기억하자. 가족, 친구, 동료들이 당신을 응원하고 지지하고 있다. 모두가 서로를 의지하며 살아가는 것이 인생이다.

워킹맘으로 살면서 힘들었지만 행복한 기억이 더 많았다. 지극히 평범하고 소심한 나의 이야기로 엄마들에게 용기와 희망을 주고 싶었다. 앞으로 언젠가 엄마가 되어, 이 길을 걷게 될 두 딸에게도 격려가 되길 바란다.

또한, 여기에 등장하는 사랑하는 회사 식구 모두에게 고마움을 전한다. 내가 20년간 일과 육아를 병행할 수 있었던 이유는 함께해 준 당신들 덕분이었다. 마지막으로 잔소리는 많지만 건강하거나 아플 때나 한결같이 내 편이 되어 지원해 주는 남편에게 감사를 전한다.